Wolfgang Ferenčak

Radio 4.0 … braucht Personality

Wolfgang Ferenčak

Radio 4.0 … braucht Personality

Betrachtungen und Strategien für das Radiobusiness

Tectum Verlag

Wolfgang Ferenčak

Radio 4.0 … braucht Personality. Betrachtungen und Strategien für das Radiobusiness

ISBN: 978-3-8288-4224-3
E-PDF: 978-3-8288-7144-1
ePub: 978-3-8288-7145-8

Umschlaggestaltung: Tectum Verlag, unter Verwendung des Bildes #161561795 von carloscastilla | fotolia.de
Druck und Bindung: Docupoint, Barleben
Printed in Germany

Besuchen Sie uns im Internet
www.tectum-verlag.de

Bibliografische Informationen der Deutschen Nationalbibliothek
Die Deutsche Nationalbibliothek verzeichnet diese Publikation in der Deutschen Nationalbibliografie; detaillierte bibliografische Angaben sind im Internet über http://dnb.d-nb.de abrufbar.

Danksagung

Es war einiges an Überzeugungsarbeit nötig, mich hinzusetzen und meine Gedanken und Ideen zu meinem Lieblingsmedium „Radio" und dessen Entwicklung in der Zukunft in einem Buch zusammenzufassen. Deshalb sei an dieser Stelle ein besonderer Dank an meinen Coach Andrea Zimmermann gerichtet, die solange insistiert hat, bis ich meine Selbstzweifel, die immer noch da sind, überwunden habe, so dass ich mich jetzt Autor nennen darf.

Dann sind da all die Menschen, denen ich im Laufe meiner Radiolaufbahn und drumherum begegnet sind – alle aufzuführen wäre wohl ein neues Buch, deshalb bedanke ich mich hier pauschal für alle Erfahrungen und Erkenntnisse, zu denen Ihr mir verholfen habt; positive wie negative, alle haben mich weitergebracht.

Ein paar möchte ich dennoch namentlich erwähnen. Da war ganz am Anfang Peter Niedner, mein erster PD bei Radio7, der einem hochmotivierten, jedoch völlig unbedarften Radiomaniac die Tür zum Radio und zur Moderation geöffnet hat. Dann der Mann, der mein ganzes Radioschaffen bis heute beeinflusst hat und ohne dessen unfassbare Leidenschaft ich wohl nie so intensiv hinterfragt hätte, was ich hier tue: Vielen Dank Michael (Mike) H. Haas, you inspired me. Ähnlichen Einfluss, wenn auch auf das Thema Moderation beschränkt, hatte Dan O'Day; durch ihn habe ich verstanden, was One-to-One Communication bedeutet und wie wir diese zielführend für eine erfolgreiche Moderation einsetzen.

Kati Sziuk und Wolfgang Wichmann haben sich geopfert, als Lektoren meine Arbeit zu checken, und ganz besonders danke ich Robert Bardorf, der sich mit meiner äußerst kreativen Verwendung von Satzzeichen gequält und das Ganze korrigiert hat. Ohne Euch alle gäbe es dieses Buch nicht.

Ich danke allen Mitarbeitern, die in meiner Verantwortung tätig waren, sowie allen Geschäftsführern und Programmchefs für ihr Vertrauen, die es ermöglicht haben, viele meiner Ideen erfolgreich umzusetzen, obwohl ich es ihnen nicht immer leicht gemacht habe. Umso mehr freue ich mich, dass einige zu langjährigen Freunden und Unterstützern wurden.

Inhaltsverzeichnis

Einleitung

Bevor ich zum Thema komme, erst ein paar Hinweise zu diesem Buch und zu mir. Ich bin seit meinem sechsten Lebensjahr vom Radiovirus infiziert. Damals habe ich vor unserem Grundig-Röhrenradioempfänger gesessen und fasziniert Frank Elstner, Jochen Pützenbacher und Helga Guiton bei den „Vier fröhlichen Wellen von Radio Luxemburg" zugehört. Später kamen dann noch Hilversum 3 mit Ferry Maat, WDR 2 mit Mal Sondock und Dave Colman, sowie SWF3 mit Frank Laufenberg dazu.

Einmal der Mann im Radio sein – das war mein Traum. Dieser Traum sollte dann mit dem Start des Privatradios in Baden-Württemberg 1987 und einem Engagement als Privatradiopionier und Moderator bei Radio 7 in Ulm und Radio Donau 3 in Neu-Ulm wahr werden. Seither bin ich – noch mehr – eben diesem Radiovirus erlegen.

Jetzt sind 30 Jahre vergangen, mit unterschiedlichen Stationen wie Antenne Bayern, RTL-Radio oder dem mdr und mit vielen Herausforderungen, denen ich mich gestellt habe, wie Musikredakteur, Programmchef oder Geschäftsführer. Ich war auch als einer der ersten offiziellen Syndicationanbieter in Deutschland erfolgreich. So habe ich mit der *European Syndication Entertainment* unterschiedliche Formate für bis zu 100 Radiostationen in Deutschland, Österreich, Belgien und Polen realisiert. Zu meinen Kunden zählten unter anderem alle Major Labels in Deutschland, einige Musikverlage, Seagrams und RTL-TV.

In all den Jahren und mit allen Erfahrungen und Erkenntnissen, die ich gewinnen durfte, ist eines geblieben: die Faszination und die Liebe zum Medium Radio.

Was ist meine Motivation, gerade jetzt ein Buch für mein Lieblingsmedium zu verfassen?

Die digitale Zeitenwende. Der Paradigmenwechsel in der Mediennutzung. Die Herausforderung des digitalen Wandels, vor der alle „klassischen" Medien, also auch Radio, stehen.

Ich möchte allen Radiomachern Mut machen: Wir sind gut und relevant genug, um auch im Medienmix des 21. Jahrhunderts zu bestehen. Wie das gelingen kann, dazu findet Ihr hier einige Anregungen und Gedanken, die ich zu Papier (oder ins Ebook) gebracht habe.

Ich werde in diesem Buch nicht ständig die männliche und die weibliche Form parallel verwenden, glaubt mir: Es sind alle gemeint und angesprochen, Weiblein, Männlein, Transgender, Hetero- und Homosexuelle, Schwarze, Weiße, Gelbe, Rote und alle Mischformen. Es nervt mich nur, immer darüber nachzudenken, was gerade politisch korrekt ist; denn das einzige, was zählt ist, wie korrekt man gegenüber Menschen ist. In diesem Sinne: viel Spaß!

Prolog

Radio 4.0: Der Weg zum Besseren – nicht zum perfekten – Radioprogramm

Beim Sammeln von Inhalten für dieses Buch wurde mir sehr schnell klar, dass es schon etliche Handbücher für Radiomacher gibt. Da gibt es gute, sehr gute, weniger gute, wie bei allem im Leben; wer hier welches Buch oder welchen Autor wie bewertet, ist subjektiv. Eines jedoch ist allen gemeinsam: Sie sollen Ihnen als Leser den Weg zum perfekten Radio weisen.

Wozu sollte ich Sie mit einem weiteren Fachbuch belästigen, das Ihnen erklärt, wie Sie perfekte Nachrichten, eine perfekte Moderation oder die perfekte Musikplanung hinbekommen? Das haben fähige Kollegen bereits hinlänglich und mehr oder weniger gut erledigt.

Womit sich jedoch meines Wissens kaum jemand beschäftigt hat, ist die Frage: „Wie machen wir *für den Hörer* besseres Radio?“ Genau an dieser Stelle möchte ich ansetzen. Dazu habe ich Freunde und Kollegen befragt, was sie besser machen würden, wenn sie frei entscheiden könnten. Ich habe mich mit Hörern unterhalten und zugehört; sie nicht aktiv befragt, sondern versucht (wie es ein guter Interviewer macht), ihre Vorstellungen und Kritikpunkte am Radio der Gegenwart heraus zu kitzeln. Der erste Kritikpunkt, der bei Hörern, Radiomachern und Medienprofis übereinstimmend kam, war…

…“Radiosender klingen alle gleich oder ähnlich.“

Oder wie es ein Twitter-Nutzer formuliert:

Warten beim Friseur mit Radiomusik im Hintergrund. Please Kill Me!

Ich empfinde das als Armutszeugnis.

Als Radiomacher höre ich natürlicherweise anders Radio als beispielsweise die Bedienung im Biergarten oder mein Hausarzt. Es wäre schlimm, wenn ich die Unterschiede nicht hören und verifizieren könnte, aber ich höre auch, was sie mir damit sagen wollen. Radio ist verwechselbar geworden – und weil wir das wissen, basteln wir uns wunderbare, teils sehr teure, Senderlayouts, um uns vom Mitbewerber zu unterscheiden. Wir lassen uns *Promotions* einfallen, die den Hörer binden sollen oder, zumindest während der Umfragezeiten, Aufmerksamkeit erzeugen. Wir gönnen uns großartige Sprecher als *Station Voices*, damit wenigstens zwischendrin mal gute Stimmen zu hören sind – OK, das ist böse.

All das und mehr tun wir, damit nicht auffällt, wie gleichförmig Radio geworden ist. Für die Gleichförmigkeit gibt es unterschiedliche Ursachen, ja ich höre alle schreien: „Format, Formatradio – böse, ganz böse". Nur: Ganz so einfach ist es nicht.

Mit der Einführung der *Radioformatics* kamen Dinge wie *Station ID's, Jingles, Three Element Breaks* oder das *Musikformat* in die schöne alte Dampfradiolandschaft, die bis dahin behäbig vor sich hin gefunkt hatte. Das Gemeine daran: Diese Form von neuem, strategisch motiviertem und gestaltetem Radio war erfolgreich und hat den zuvor behäbig vor sich hin dümpelnden ARD-Radiowellen die Hörer abspenstig gemacht. Und, was mindestens ebenso wichtig war: auch noch einen Großteil des Werbekuchens abgegriffen.

Was ist geschehen? Da gab es eine neue, erfolgreiche Art, Radio zu machen! Nichts lag näher, als diese vermeintlich simplen Regeln zu übernehmen und schwupp: selbst ein erfolgreiches Radioprogramm zu machen. Da wir jedoch in Deutschland sind, reichte es nicht aus, die Grundstruktur zu übernehmen, sondern es musste perfektioniert werden.

Zu diesem Zweck holte man sich externe Berater, am besten aus den USA, die machen das ja schon lange. Und dann kam die deutsche Gründlichkeit dazu. Das Ergebnis hören wir seit Jahren: Einheitsbrei. Es kann auch nicht anders sein, denn wenn alle nur die Besttester in ihrer Zielgruppe spielen, Moderation nur noch auf Durchhörbarkeit reduziert wird und Radio, wie ein Kollege aus Berlin es formulierte, auf wissenschaftlicher Basis gemacht wird, dann geht das verloren, was Radio *unique* macht: der Faktor Mensch. Damit komme ich dann auch zurück zu meinem Einstiegssatz „… der Weg zum besseren, nicht perfekten Radioprogramm" – genau darum geht es in diesem Buch.

Der Mensch ist nicht perfekt und Perfektion ist langweilig; außer den Bayernfans findet niemand die Bundesliga spannend, wenn der FCB nach dem 10. Spieltag mit 12 Punkten führt und die Saison lässig überlegen nach Hause schaukelt. Genauso wenig wollen wir den perfekten Partner, weil wir selbst nicht perfekt sind; das macht auf der einen Seite Angst, auf der anderen langweilt es. Warum also sollte Radio perfekt sein?

Ich möchte allen, die dieses Buch lesen, Mut machen, sich Fehler zu gönnen. Euren Hörern Fehler zu gönnen. Den Mut, nicht perfekt zu sein, weil die nicht perfekten Momente die mit dem größten Aufmerksamkeitspotential sind. Ich möchte, dass Ihr den Mut habt, wieder die Aufmerksamkeit einzufordern, die unser wunderbares Medium verdient, indem Ihr von Kunstfiguren wieder zu lebenden, fehlerbehafteten, authentischen und damit liebenswerten Menschen im Ohr eures Hörers werdet.

Um Euch den Weg dorthin zu erleichtern, habe ich mich im Folgenden auf den Schwerpunkt *Personality* konzentriert. Ich weiß, dass Euch noch viele andere Themen unter den Nägeln brennen; das eine oder andere werde ich auch anreißen. Was jedoch immer und immer wieder auftaucht, ist der Ruf nach Radio-*Persönlichkeiten*, und *da* können wir etwas ändern – wenn wir es wollen.

Bevor ich jedoch der Personality ihren verdienten Raum gebe, muss ich einen Blick auf den Status Quo der deutschen Radiolandschaft, sowie die technischen und sozialen Entwicklungen im Hörermarkt werfen. Nur so wird deutlich warum, Personality aus meiner Sicht in Zukunft zu einem der überlebenswichtigen Faktoren für die Nutzung von Radioprogrammen wird. Also beginne ich mit der veränderten Wettbewerbssituation und der Verbreitung von Radio.

Streamingdienste (Spotify, Amazon, Deezer), Podcast und das Webradio

Konkurrenten oder Ergänzung für das lineare Radio?

The Spirit of the Radio – Rush

Derzeit fasziniert mich in Deutschland bei den Diskussionen um die Zukunft von Radio die Fokussierung auf zwei Themen:

1) Wie sieht die zukünftige Distribution von Radioprogrammen aus? Konkret: Wie empfängt uns der Hörer in Zukunft: via UKW, über DAB+ oder über das Internet?
2) Wie schaffen wir es, die Generation Y und ihre Nachfolger wieder ans Radio zu binden?

Lassen Sie mich mit der leidigen DAB+ Diskussion beginnen. Leidig, weil es aus meiner Sicht weder in unserem Ermessen noch in unserem Interesse als Radiomacher liegt, dem Hörer den Empfangsweg aufzuoktroyieren. Bedürfnisse sind wie Flüsse, sie suchen sich ihren Weg selbst; bei den Flüssen ist dies der bequemste Weg zur Mündung. Beim Radiohörer werden aus meiner Sicht Faktoren wie technische Verfügbarkeit, also Netzabdeckung, Geräteausstattung, Kosten und Handling entscheidend sein.

Schauen wir uns dazu einmal die aktuelle Geräteverteilung in Deutschland an.

Abb. 10: Ausstattung deutscher Haushalte mit internetfähigen Endgeräten und Radio-Empfangsgeräten, 2015-2016, in Prozent

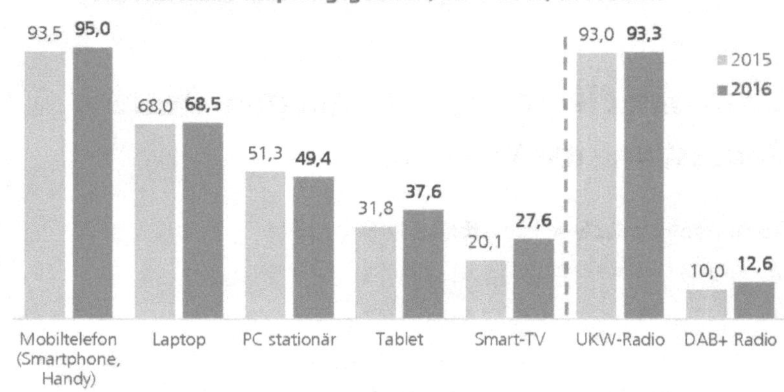

Quelle: Statistisches Bundesamt (2016): „Ausstattung privater Haushalte mit Informations- und Kommunikationstechnik – Deutschland", online: https://www.destatis.de/DE/ZahlenFakten/GesellschaftStaat/EinkommenKonsumLebensbedingungen/AusstattungGebrauchsguetern/Tabellen/Infotechnik_D.html, abgerufen: 17.05.2017; Ecke, O. (2016): „Sonderauswertung - Entwicklung der Verbreitung und Nutzung des Radioempfangs in Deutschland. Aktuelle Ergebnisse aus dem Digitalisierungsbericht 2016", in: die medienanstalten (2016): „Digitalisierungsbericht 2016", S. 4

(Statistisches Bundesamt, Ecke, O. (2016))

Es ist unschwer zu erkennen, dass bereits jetzt eine weit größere Sättigung mit internetfähigen Empfangsgeräten gegeben ist als mit UKW- und DAB+ Empfangsgeräten zusammen.

Die vollständige Umrüstung aller Haushalte auf DAB+ dürfte zwischen 10 und 15 Jahre dauern, trotz der Zwangsverordnung, dass Gerätehersteller ab 2018 nur noch Geräte mit DAB+ oder IP-Empfangsoption zusätzlich zu UKW verkaufen dürfen, also reine UKW-Empfänger nicht mehr erhältlich sein werden. Denn die Empfangs*möglichkeit* bedeutet nicht auch automatisch deren *Nutzung*, wie Norwegen zeigt. Selbst die Goldmedia-Studie prognostiziert für 2025 im Best Case-Szenario, also bei Abschaltung der analogen UKW-Verbreitung durch die Politik, einen Marktanteil von 42 % bei der Ausstattung mit DAB+ Empfängern. Demgegenüber stehen mindestens 87 % der Bevölkerung, die ein Smartphone besitzen. (Goldmedia, 2017) Diese Zahlen sind jetzt explizit für Baden-Württemberg errechnet worden, die Entwicklung dürfte sich aber in den anderen Bundesländern nicht gravierend unterscheiden.

Das aus meiner Sicht derzeit wahrscheinlichste der prognostizierten Szenarien dürfte das des fragmentierten Marktes sein, der sich Goldmedia zufolge so darstellen würde:

Entwicklung Marktanteile und wirtschaftliche Situation Privatfunk bis 2025, Szenario „Fragmentierter Markt analog & digital"

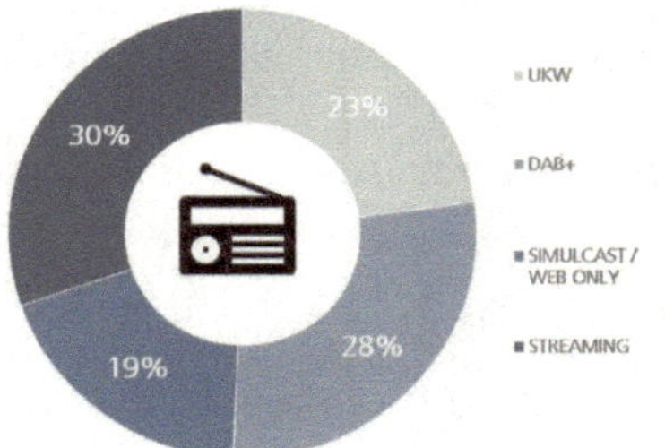

Kennzahl / Gebiet	Gesamtertrag, in Mio. EUR		Kostendeckungsgrad	
	2016	2025p CAGR 16-25	2016	2025p
lokaler privater Hörfunk	24,2	22,1 -1,0%	102,2%	101,2%
bundes- und landesweiter privater Hörfunk	48,7	45,5 0,7%	119,8%	119,4%
privater Hörfunk gesamt	72,8	67,6 -0,8%	113,3%	111,8%

(Goldmedia, 2017)

Ich fühle mich offen gesagt überfordert, die Entwicklung bezüglich der verfügbaren Bandbreiten und des Nutzerverhaltens der nächsten fünf Jahre vorherzusagen, im Gegensatz zu den DAB+ Lobbyisten. Eines jedoch ist Fakt: Die Entwicklung im Internet ist deutlich rasanter als bei DAB+, vor allem die mobile Internetnutzung steigt rasant, und die neuen Pakete der Mobilfunkanbieter (*Telekom Stream on* oder *Vodafone Pass*) werden diese Nutzung für Audioprogramme weiterhin befördern.

Ein weiterer den Markt extrem beeinflussender Faktor wird 5G, der neue Mobilfunkstandard.

LFK-Technik-Leiter Walter Berner: "5G macht personalisiertes Radio bezahlbar.

Bei der neuen 5G-Technologie wird die Übertragung von Content- und Streamingangeboten an Smartphones pro Bit deutlich günstiger. Das erlaubt neue Programmformen und neue Geschäftsmodelle. ‚5G macht damit ein personalisiertes Radio bezahlbar', stellte der technische Leiter der LFK, Walter Berner, heraus und mahnte: „Die internen und externen Planungen für die Zukunft des Radios müssen jetzt auch bei den privaten Radioveranstaltern auf die Tagesordnung kommen."' (LfK Baden-Württemberg, 2017)

Was ist 5G eigentlich?

Bei 5G handelt es sich um den kommenden, voraussichtlich ab 2020 verfügbaren, Mobilfunkstandard. Die Planung sieht eine zehnmal schnellere Datenübertragung vor als beim aktuellen LTE-Standard G4, also bis zu 10 Gbit/s mit einer Mindestdatenrate von 50 Mbit/s, was heute schnellem Internet via VDSL in Ballungsräumen entspricht. Dies allein wäre schon ein gewaltiger Schritt in Richtung mobiler Radionutzung via Internet; dazu kommen geringere Latenz und höhere Zuverlässigkeit.

Die Infoseite 5g-anbieter.info beschreibt zum Beispiel die Anwendungsmöglichkeiten für Radio so:

> „Broadcast hat den entscheidenden Vorteil, dass Daten an hunderte oder tausende Endnutzer nur einmal gesendet werden müssen und nicht an jeden einzelnen. Etwa bei der Übertragung eines Fußballspiels oder von Livebildern aus verschiedenen Perspektiven im Stadion an Smartphones der Nutzer. Schon heute geht dies in Testumgebungen ganz gut mit LTE-Broadcast. Künftig könnte mit 5G-Broadcast Diensten die Servicequalität noch weiter optimiert werden und endlich zu einem Durchbruch gelangen." (Maik Wildemann & Sebastian Schöne 2.0Promotion GbR, 2017)

Das bedeutet: Radio wird *personalisierbar*. Dies ist – nach einem Telefonat oder Videogespräch – die höchste Form von One-to-One-Kommunikation mit technischen Hilfsmitteln.

Auch für diese Entwicklung gibt es eine Prognose in der Goldmedia-Studie für die LfK „Radio 2025"; hier spielen weder UKW noch DAB+ bei den Übertragungswegen eine relevante Rolle, sie werden komplett von Streamingdiensten abgelöst.

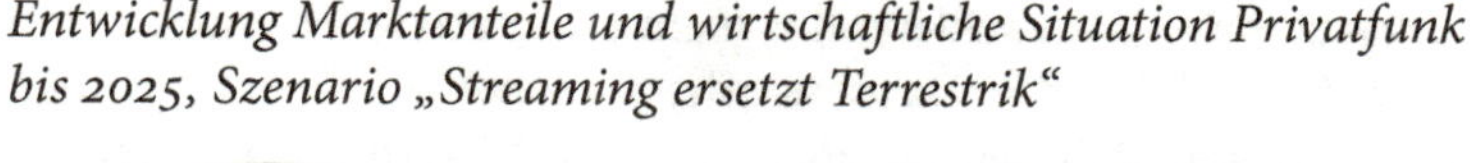
Entwicklung Marktanteile und wirtschaftliche Situation Privatfunk bis 2025, Szenario „Streaming ersetzt Terrestrik“

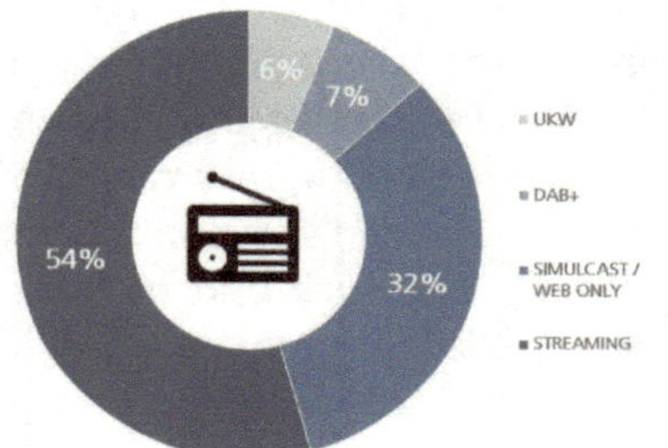

Kennzahl / Gebiet	Gesamtertrag, in Mio. EUR		Kostendeckungsgrad	
	2016	2025p CAGR 16-25	2016	2025p
lokaler privater Hörfunk	24,2	16,2 -4,3%	102,2%	96,4%
bundes- und landesweiter privater Hörfunk	48,7	34,9 -3,6%	119,8%	115,7%
privater Hörfunk gesamt	72,8	51,2 -3,8%	113,3%	108,1%

(Goldmedia, 2017)

Warum dieser Exkurs in die Technik? Weil ich den Eindruck habe, dass die Verantwortlichen sich mehr Gedanken über UKW oder DAB+ machen als über den Fakt, wie wir den Hörer auch zukünftig dazu bewegen, unsere Programme zu hören. Auf welchem Weg – das werden nicht Politik oder Anbieter, sondern einzig und allein die Nutzer entscheiden. Bereits heute ist klar: Das Radio der Zukunft wird das Smartphone und nicht das stationäre Radioempfangsgerät sein. Wir werden in nicht allzu ferner Zukunft keine proprietären Geräte zum Radioempfang mehr nutzen, weil ein Smartphone oder Tablet in Kombination mit *Smart Home Devices* wie „Amazon Echo“ oder „Google-Home“ die Auswahl verfügbarer Audioangebote vertausendfacht, da es bequem ist, überall verfügbar und weniger Platz beansprucht.

Was waren nochmal die Vorteile von DAB+ für den Nutzer?

Selbst wenn die Politik, was nicht zu erwarten steht, UKW abschaltet und so DAB+ zwangseinführt, ist zu bezweifeln, dass sich die internetaffine Generation Y ein DAB-Empfangsgerät zulegt. Warum auch.

Die Entwicklung der vergangenen Jahre zeigt, dass es sich bei Streamingdiensten oder Webradio nicht um kurzfristige Phänomene handelt, die wir vernachlässigen könnten. Auch wenn Hermann Stümpert 2006 in seinem Buch „Ist das Radio noch zu retten“ Streamingdienste (*Simulcast-Angebote*) als Millionengräber bezeichnet und dieses Angebotsformat für gescheitert erklärt. Ich muss ihm insofern Recht geben, als Webradiostreams von klassischen Radioanbietern ein nettes Zusatzangebot darstellen, aber kein alternatives zukunftsträchtiges Geschäftsmodell sind. Dazu wurde, auch wenn die handelnden Personen dies von sich weisen dürften, zu halbherzig an das Thema herangegangen. Die Gesellschafter haben bisher die Investitionen gescheut, die deutlich im dreistelligen Millionenbereich lägen; siehe den risikokapitalgestützten Marktführer Spotify, wo noch immer rote Zahlen geschrieben werden. Die Programmmacher stehen schon mit ihren klassischen Programmen unter enormem Kostendruck und tun sich schwer, die nötigen personellen und finanziellen Ressourcen für den täglichen Betrieb zu stemmen. Die Kosten für die Datenübertragung waren lange Jahre deutlich größer als die zu generierenden Werbeerlöse aus diesen Hörerzahlen und der Nutzen für die Kernmarke; das terrestrische Programm, ist zumindest fragwürdig.

Hier könnte nur eine völlige Neubewertung des bestehenden Geschäftsmodells und die Neupositionierung auch als Streaminganbieter erfolgreich sein, jedoch ohne Erfolgsgarantie.

Jetzt drängen neben den Streaminganbietern wie Spotify, Deezer und Co. die Big Player der Internetkonzerne (Apple, Amazon, Google) in den Markt. Mit welcher Verve dies geschieht, zeigt derzeit Amazon, wo man sich die Audiorechte für die Fußballbundesliga gesichert hat, hier ins Content-Geschäft einsteigt und dem Radio bislang unumstrittene Inhaltskompetenzen entzieht.

Ein echter Knaller im Sportbereich ist der Coup, mit dem sich Facebook die Rechte der US National Football League gesichert hat, ein echtes weltweites Schwergewicht. Das gilt aber auch für Personality-Shows, wie die ehemalige Radio Eins-Show „Sanft & Sorgfältig" von Jan Böhmermann und Olli Schulz, die jetzt als „Fest & Flauschig" bei Spotify als Podcast erfolgreich ist. Auf das Thema Podcast gehe ich noch ausführlicher ein.

Wenn Google und Co. ihr Portfolio auf Audio- und Videoangebote ausdehnen, hat die traditionelle Radioindustrie derzeit nicht viel, um dagegen zu halten.

Es geschieht – und es geschieht *jetzt*.

Die Streaminganbieter graben uns in jeweils unterschiedlichen Feldern Kompetenzen ab, für die bisher Radio als Contentlieferant Nummer eins galt.

Im Grunde geht es für uns Radiomacher um eine Grundsatzentscheidung: Wollen wir mit den neuen Anbietern in den Wettbewerb treten oder wollen wir uns, als Alternative dazu, mit einem eigenständigen Profil präsentieren?

Ich wage eine steile These: In einem Verdrängungswettbewerb wird die Radioindustrie den Kürzeren ziehen. Diese lässt sich mit einem einzigen Argument belegen – ***Kapital.***

Den finanziellen Möglichkeiten von Google, Amazon oder Facebook hat die klassische Medienindustrie nichts entgegenzusetzen. Aber müssen wir deshalb die Flinte ins Korn werfen? Beileibe nicht. Wir müssen nur realisieren, dass wir im Wettbewerb um den Hörer der Zukunft die digitale Wirtschaft nicht auf ihrem Feld und mit ihren Waffen schlagen können.

Ziel kann und darf es deshalb nicht sein, die digitalen Angebote zu kopieren oder ihnen hinterher zu hecheln; im Gegenteil gilt es jetzt, die Stärken unseres Mediums zu erkennen und herauszuarbeiten. Deswegen sollten wir uns fragen: Liegt es in unserem Interesse, den Fokus auf *on-Demand-Inhalte* zu legen oder sollten wir eher Anreize schaffen, unser *in-time-Angebot* attraktiver und unverzichtbarer zu machen? Zum Beispiel mit personalisierten Angeboten.

Wie bei Social Media gilt auch hier: Die Strategie heißt nicht *entweder-oder*, sondern *sowohl als auch*. Allerdings müssen wir uns vergegenwärtigen, wo unsere Stärken liegen und wie wir diese noch weiter herausarbeiten können.

Wir sollten nicht auf Podcast und Co. verzichten, aber das lineare Programm stärken und die anderen Kanäle als Zusatznutzen anbieten, um ins lineare Programm zu führen. Wenn wir dieses Ziel erreichen wollen, wird es nicht genügen, wie bisher auf den kleinsten gemeinsamen Nenner zu setzen. Denn wir können, egal wie sehr wir unsere Playlist reduzieren, niemals so individuelle Angebote liefern wie die Streamingdienste.

> „…die Kompetenz bzgl. der Musik liegt auch längst woanders. Das Medium hat sich entwickelt vom Einschaltmedium über das Nebenbei-Medium zum ‚läuft-auch-noch-irgendwo-Medium'. Schuld sind u.a. Ansagen wie: ‚Wir machen keine Hits, wir spielen sie', ‚jetzt noch weniger Gequatsche', ‚50 Minuten Hits ohne Unterbrechung'. Mir ist klar, dass das dem Research am Hörer geschuldet ist, aber frag mal Deine Kinder, was sie es-

sen wollen! Dabei kommt garantiert keine vitaminreiche und ausgewogene Ernährung heraus."
Holger Richter / Ex-GF & PD RTL Radio Luxemburg

Streamingdienste liefern ihren Hörern jede Musikrichtung, wann immer und wo immer sie diese hören möchten. Immer raffiniertere Algorithmen sorgen dafür, dass die Treffsicherheit personalisiert generierter Playlists immer größer wird. Außerdem holen sich die Anbieter die erfolgreichsten Musikredakteure aus dem Radio und locken mit Geld und Vielfalt; zuletzt Amazon in Deutschland die Musikchefs von Radio NRW und Antenne Bayern.

Wozu braucht unser Hörer dann noch unsere Musikredaktion, die mittlerweile häufig so ausgedünnt ist, dass ein Musikredakteur sich um fünf und mehr Programme kümmert? Oder aber er ist nur noch Teilzeitkraft, denn eine Playlist mit 2-300 Titeln zu pflegen und daraus Sendepläne zu machen erfordert keinen Musikredakteur mehr. Andererseits müssen wir uns von der Vorstellung verabschieden, dass unser Hörer wie anno dunnemal seinen Lieblingssong in einer zweistündigen Rotation hören will.

Warum?

Weil er ihn immer und jederzeit, on- und offline, auf seinem Smartphone, Tablet, PC, SmartTV etc. hören kann. Das geht via YouTube, Spotify, Deezer, Amazon und unzähligen anderen Musikquellen. Warum im Radio drauf warten, dass er endlich gespielt wird? Dazu kommen die neuen Assistenten wie „Alexa & Co" – ein Aspekt, auf den mich ein Gespräch mit den Kollegen Djamil Deininger und York Strempel gebracht hat.

Diese Assistenten sind nicht nur Dienstleister, sondern, was für die Anbieter viel wichtiger ist, „DATENSAMMLER".

Jedem von uns ist klar, dass die Musik, die wir hören, von (ich bleibe bei diesem Beispiel) „Alexa" an den Amazon-Server übermittelt und zu unserem persönlichen Musikalgorithmus hinzugefügt wird. Worüber jedoch kaum jemand nachdenkt: „Alexa" hört auch unsere Radioprogramme mit.

Wenn ich also sage: „Alexa, spiele mir KISS FM aus Berlin", dann erfasst „Alexa" nicht nur, welche Musik gespielt wird. „Alexa" erfährt, welche Art der Präsentation ich bevorzuge, „Alexa" merkt sich, bei welchen Werbespots ich abschalte, „Alexa" weiß, zu welchen Zeiten ich Radio höre und welche Spots ich gehört habe. Irgendwann hat „Alexa" dann nicht nur meine, sondern die Vorlieben aller KISS FM-Hörer, die das Programm via „Alexa" hören, erfasst. Dann ist der Tag gekommen, an dem die allwissende „Alexa" mir vorschlägt: „Hallo Wolfgang, willst Du nicht mal meinen KISS FM-alike-Stream ausprobieren? Ohne lästige Werbung, oder aber mit den Spots, die für Dich relevant sind" – ooops, und jetzt?

Das ist keine Spekulation: Es ist Gegenwart, die sogenannten *Smart Speaker* waren im Weihnachtsgeschäft 2017 der Renner des Elektronikfachhandels. Ja richtig, hier wurden zum Teil riesige Rabatte gegeben, um die Verbraucher „anzufixen", was ja auch funktioniert hat. Kurz nach Weihnachten, Anfang 2018 kam Amazon schon mit der nächsten Generation, diesmal mit Bildschirm, um sich komplett in unser Leben zu drängen.

Wer wie ich schon ein paar Jahre auf diesem Planeten weilt, der macht sich vielleicht noch Gedanken um seine persönlichen Daten; die Generation Y ist da jedoch deutlich sorgloser. Wie hat es ein Freund von mir, der in der Marketingabteilung der Fachhandelskette „Euronics" sitzt, formuliert: „Dem Kunden ist die Technik und der Datenschutz egal. Was für ihn zählt, ist Bequemlichkeit."

Also wird sich Radio USPs erarbeiten müssen, die ein Algorithmus nicht mal eben so kopieren kann. Einer dieser USPs wäre, dass wir Radio wieder stärker als Quelle für neue, interessante Musik und Musikinformationen etablieren müssen. Denn das kann ein Algorithmus noch nicht. Musik entdecken – dafür braucht es Menschen. Menschen mit der Intuition und dem Gespür für den Hörer, da hilft kein Research.

Abgesehen davon, dass schon jetzt viel heiße Luft teuer verkauft wird, geben selbst die Research-Firmen zu, dass neue Musik sich nicht wirklich testen lässt. Wenn das ginge, würde die Musikindustrie seit Jahren nur noch Hits veröffentlichen, Die Hit-Quote liegt aber bei Singles um die 0,5 %.

Mehr als 107.000 Single- und mehr als 18.000 Alben-Neuerscheinungen wurden letztes Jahr erfasst. Das sind pro Woche mehr als 2000 neue Singles, dabei sind Instant-Grats noch nicht einmal mit eingerechnet. Außerdem erscheinen pro Woche über 360 neue Alben, hier sind die Sampler, Soundtracks usw. auch noch nicht mitgezählt. (Sobbe, 2016)

Etwa 500 Titel schaffen es pro Jahr in die Top 100, der Rest landet im Orkus der Musikgeschichte. Mal ganz abgesehen davon, dass Verkaufscharts schon lange nicht mehr die Musiknutzung widerspiegeln.

Wenn wir nicht höllisch aufpassen und schnell handeln, heißt das Radio der Zukunft nicht mehr Antenne XYZ oder Hitradio ABC, sondern Amazon oder Google oder Spotify oder was auch immer da noch kommt.

Die Streaminganbieter haben bereits bemerkt, dass Musik allein für eine Marktführerschaft im Audiobereich nicht genügt. So beginnen sie, wo möglich, *Premium Content* zu erwerben; entweder, indem sie mit Freiheiten und Geld erfolgreiche Shows und Moderatoren aus dem klassischen Radio abwerben, oder indem sie Lizenzen für wertige Ereignisse aus dem Entertainmentbereich erwerben, wie sportliche Großveranstaltungen, Konzerte oder was immer massentauglich und *Premium* ist. Beispiele siehe oben.

Einer der Big Player ist Apple mit seinem Angebot Apple Music. Wer dieses Angebot auf die Option Songs anzuhören oder herunterzuladen reduziert, übersieht einen gravierenden Teil eben dieses Angebotes und der heißt „Beats 1". Dabei ist es obsolet darüber zu streiten ob es sich wie Apple behauptet um das meistgehörte Radioprogramm weltweit handelt oder dies wie James Cridland anzweifelt. Fakt ist, Apple hat sowohl inhaltlich, als auch technisch wieder einmal die Nase vorn. Hier machen Musikkenner und Musiker, Freaks und Nerds Musikradio. Hier sind Prominente wie Elton John oder Pharrell Williams genauso on air wie Musikjournalisten und DJs. Was sie alle vereint, sie sind authentisch, sie spielen ihre Musik mit ihrer persönlichen Art der Präsentation. Hier werden Identifikationspunkte mit dem Programm geschaffen über Gemeinsamkeiten oder Vorlieben von Moderator und Hörer. Nun wird diese Art von Programm immer wieder Kritikpunkte liefern sicher auch mehr oder weniger gerechtfertigt. Fakt ist, es funktioniert.

Ein wichtiger Aspekt dafür, dass dieses Konzept greift ist, nicht überraschend bei einem Technikkonzern wie Apple, die technische Umsetzung. Hier sind die Kollegen aus Cuppertino wieder einmal Vorreiter. Denn sie produzieren „Beats 1" nicht nur als lineares Format, sondern, gemäß den Nutzerbedürfnissen jederzeit abrufbar, wie einen Podcast, nur mit Musik. Die Lizenzrechtliche Problematik ist zu umfassend um sie hier in angemessener Weise zu behandeln, lässt sich jedoch jederzeit im Netz nachlesen. Ich will es hier damit belassen, das Apple quasi bei jedem Abruf einen neuen Stream startet und somit das Produkt nicht wie ein Podcast, sondern wie Streamingangebot abgerechnet wir.

Ein weiterer Vorteil gegenüber „klassischen" Radioprogrammen ist die Monetarisierung dieses Angebots. Hier kommt die enge Verzahnung aller Apple Produkte ins Spiel. So ist es für Apple Nutzer ein Leichtes Songs aus dem „Beats 1" Programm in ihre persönliche Playlist zu übernehmen, wenn sie Apple Music User sind, clever. Hier dürfte es nahezu unmöglich sein, für Radioanbieter, ein ähnliches Modell mit derart umfassender Integration zu erstellen. Die Idee kann jedoch sicher in modifizierter Form zur Anwendung gebracht werden.

Wir müssen uns auf jeden Fall der Tatsache bewusst sein das unsere Mitbewerber nicht mehr nur Streaminganbieter oder Podcastproduzenten sind, sondern das auch neue Radioformen entstehen. Die Umstellung der MA Radio auf MA Audio ist der erste Indikator, dass die Werbewirtschaft dies schon lange realisiert hat, ob dies auch bei den Programmachern so angekommen ist bleibt fraglich.

Deshalb an dieser Stelle eine Einschätzung von Dr. Kristian Kunow von der BLM zum Webradiomonitor 2017:

> „Sie (die Studie) zeigt, dass die Webradio- und Online-Audio-Nutzung in Deutschland weiterwächst. Das belegen Nutzer- und Anbieterbefragung. Auch die Werbeumsätze der Anbieter steigen, wobei für die kommenden Jahre ein noch deutlich größeres Wachstum erwartet wird. Zudem steigt der Anteil der mobilen Webradio- bzw. Online-Audio-Nutzung weiter an und liegt mittlerweile bei gut einem Drittel.
> Erstmals haben wir uns auch intensiv mit dem Thema **Podcast** beschäftigt. Podcasts werden überdurchschnittlich stark unterwegs genutzt. Insbesondere die Download-Möglichkeit ist für die Nutzer wichtig. So erscheint es nur auf den ersten Blick verwunderlich, dass Podcasts sich auch auf Flugreisen reger Beliebtheit erfreuen. Bemerkenswert ist aber auch, dass viele Nutzer angeben, Podcasts zu hören, weil dort Themen intensiver besprochen werden als in anderen Medien…
> …„Der Online-Audio-Markt ist vielfältiger als je zuvor. Der Nutzer kann aus knapp 2.400 Webradioangeboten wählen. Die Anzahl der Webradioangebote entspricht damit der der Vorjahre, wobei reine Webradioangebote mit zwei Dritteln nach wie vor den größten Anteil ausmachen. Insgesamt verzeichnet die Studie fast zwölftausend Online-Audio-Angebote. Das sind meines Erachtens beeindruckende Zahlen." (radioszene.de,

2017) Das Interview führte Michael Schmich für radioszene.de im November 2017.

Gesamtmarkt: Mit 2.400 Webradios und 9.500 kuratierten Playlists gibt es 2017 rund 12.000 Online-Audio-Angebote in Deutschland

(Goldmedia GmbH, 2017)

Noch einmal: Die Konsequenz kann nur sein, sich einen unverwechselbaren USP zu schaffen, den die Onlineangebote nicht einfach kopieren oder kaufen können. Deshalb heißt das Kapital der Zukunft, gerade im Radio, *Human Resources.* Schluss mit Volontärs- und Praktikantenredaktionen! Her mit qualifizierten, motivierten, weil angemessen bezahlten und wertgeschätzten, Mitarbeitern! Unsere Moderatoren und Redakteure, die Techniker und Producer, Verkauf und Marketing, ja selbst die Hausmeister (Facility Manager) müssen sich wieder mit dem Produkt identifizieren und sich nicht wie Lohnsklaven fühlen.

Hören wir auf Richard Branson, den Virgin-Chef:

> „Der Stolz, dazuzugehören, kann Wunder bewirken.
> Unternehmen sind nichts weiter als eine Gruppe von Leuten, und diese sind mit Abstand das größte Kapital. Wahrscheinlich überwiegt die Zahl der Firmen, in denen die Menschen das Produkt sind.
> Für mich gibt es nichts Traurigeres als zu hören, wenn sich jemand dafür entschuldigt, dass er arbeitet, wo er arbeitet. Wenn Menschen stolz darauf sind, mit ihrem Unternehmen verbunden zu sein, entsteht dadurch ein besonderes Maß an Fürsprache und Verbundenheit, dass in einer Welt voller Mittelmäßigkeit und Gleichgültigkeit für den entscheidenden Unterschied sorgt." (Branson, 2013)
> Richard Branson -Like a Virgin

Ich habe diese Identifikation mit dem Sender häufig erlebt, am massivsten bei Antenne Bayern unter Mike Haas. Jahre, nachdem ich den Sender verlassen hatte, traf ich eine ehemalige Kollegin aus der Personalabteilung, die folgende Aussage machte: „Ich bin jetzt seit einiger Zeit weg von Antenne Bayern, und erst mit dem Abstand, den ich nun gewonnen habe, stelle ich fest, das war wie die Zugehörigkeit zu einer Sekte." Eine Aussage, die ich in ähnlicher Form bestätigen kann; jeder Kollege aus dieser Zeit hängt, egal wo immer er heute arbeitet, noch ein Stück weit an diesem Sender. Nicht an dem aktuellen Programm, aber an der Idee.

Ich behaupte: Alle Mitarbeiter, die den Sender in seiner Startphase erlebt haben, bleiben Antenne Bayern-Leute. Eine Leistung des Programmchefs, die nicht hoch genug einzuschätzen ist, auch wenn es in dieser Pionierzeit des Privatradios eben auch viel Pioniergeist bei den Mitarbeitern gab.

Wenn wir es schaffen, unsere Mitarbeiter nur halb so stark zu motivieren und Identifikation mit dem Programm, für das sie arbeiten, zu schaffen, dann kann uns kein Alternativangebot gefährden.

Ein weiterer Aspekt, der uns als Radio weiterhin Relevanz sichert, ist EMOTION. Wie eine Studie der Yale University belegt, weckt „hören ohne visuelle Begleitung" deutlich mehr Emotionen als zum Beispiel audiovisuelle Angebote oder das Zuhören mit geöffneten Augen. Dazu der Studienleiter Michael W. Kraus:

> "Unsere Untersuchung zeigt, dass wir dem Gesicht womöglich eine viel zu große Bedeutung beimessen, wenn es darum geht, die Emotionen anderer zu entschlüsseln"... Dass die Stimme weitaus verlässlichere Hinweise liefert, könnte auch damit zusammenhängen, dass viele Menschen eher darin geschult sind, ihre Gefühle mit Hilfe von Gesichtsausdrücken zu verschleiern. Außerdem sind wir nachweislich schlechter im Sehen und Hören, wenn akustische und visuelle Informationen gleichzeitig auf uns einprasseln." (Zeibig, 2017)

Um Emotion zu erzeugen, kann ich als Radiomacher auf gezielte Provokation und Empörung setzen. Beispiele dafür wären die Promoaktion von Big FM, bei der Morgenshow-Moderator Rob Green ein Kaninchen live On-Air töten wollte/sollte, oder die vermeintliche Empörung von Wolfgang Leikermoser in der Antenne Bayern-Morningshow über einen „Anrufer", der im Rahmen einer „Wir erfüllen Herzenswünsche"-Promotion an einem Lipödem Erkrankte anpöbelt.

Ob der Anrufer oder die Aktion echt oder gestellt war, mag sich der geneigte Leser selbst beantworten. Die Frage, die mir wichtiger ist: Welchen Effekt haben solche Aktionen? Kurzfristig Aufmerksamkeit, jedoch mittel- und langfristig?

Ich gebe zu: Trash-TV hat durchaus relevante Einschaltquoten, siehe RTL2, aber erzeugen wir im Radio damit positive Emotionen, mit denen uns der Hörer identifiziert?

Was ich für noch riskanter halte, ist der Verlust an Glaubwürdigkeit, wenn so eine Fake-Aktion auffliegt. Ich bitte die Verantwortlichen, nicht außer Acht zu lassen, dass wir nicht nur im Zeitalter von Internet und Social Media, sondern auch von Leaking leben. Wie sicher könnt Ihr sein, dass kein Leaker in Eurem Team ist, der die ganze Nummer auffliegen lässt? Das wäre mir persönlich zu tricky.

Was spricht denn dagegen, wieder echte Emotionen im Radio zu hören? Wenn wir schon im 360°-Modus unterwegs sind, wie Ina Tenz (PD Antenne Bayern) es beschwört, dann sind die ganzen vorgeschalteten Filter, wie *off air editing*, obsolet. Die Wahrheit lässt sich nicht unterdrücken, so wenig wie wir Facebook und Twitter kontrollieren können.

Wuchern wir doch wieder mit dem Pfund, das uns zur Verfügung steht – Moderatoren, die wahrhaftig sind, die echte Menschen sind, die nicht platte „Oh, heute Abend wird wieder gegrillt"-Statements absondern. Im Gegenteil: Moderatoren, die Stellung beziehen, die sich angreifbar machen, die tatsächlich mitfühlen und die Fehler machen und damit leben. Bis Algorithmen das können, wird hoffentlich noch einige Zeit vergehen.

Im Grunde geht es um Gefühl und Entertainment; beides Dinge, die wir nachweislich können, wir müssen uns nur wieder darauf besinnen. Wie sagte Tim Torno (PD von Energy Deutschland) im Vorfeld der Medientage bei radioszene.de: (radioszene.de, 2017)

> „Radio muss sich nicht neu erfinden, sondern darauf besinnen, was schon immer seine Stärken waren. Die junge Zielgruppe für das Radio zu begeistern ist eine der Hauptaufgaben der Zukunft. Nicht nur um neue Hörer zu gewinnen, sondern auch um junge Talente für unser Medium zu begeistern. Denn ohne Entertainer kein Entertainment."

Damit sind wir bei einer weiteren Facette, die zum Radio 4.0 gehört: Entertainment und Information in geballter Form als Podcast.

Verglichen mit den USA liegen wir, was Verbreitung und Monetarisierung dieser Darstellungsform angeht, noch weit zurück. Jedoch zeigt der Webradiomonitor hier eine steigende Nachfrage und der Markt ein expandierendes Angebot.

Einschätzung der Online-Audio-Hörer zu Podcasts 2017, in Prozent NB

„Im letzten Jahr habe ich mehr Podcasts gehört als zuvor."

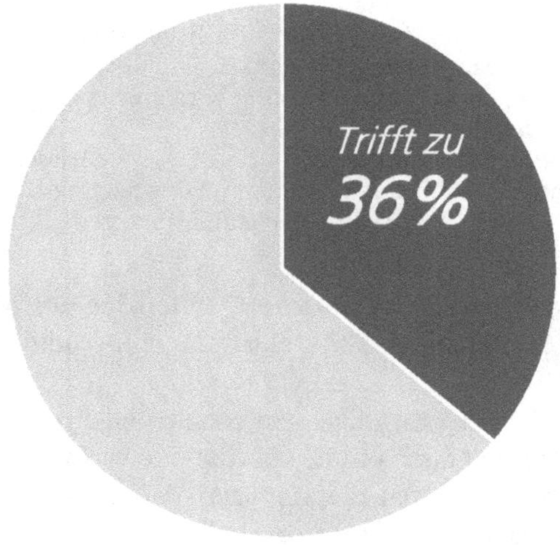

Frage: „Welche Aussagen zum Thema Podcasts treffen auf Sie zu?"

(Goldmedia GmbH, 2017)

Das wäre an sich aus Radiosicht ja positiv zu sehen. Das Problem: Die Radiomacher sind dabei, auch diesen Trend zu verschlafen oder anderen Protagonisten den Markt zu überlassen, wie diese dpa-Meldung vom 02.11.2017 deutlich belegt:

Mit einem Portfolio von 22 wöchentlichen Sendungen startet Audible eine PodcastOffensive. Ab Donnerstag stellt die AmazonTochter Ihren Abonnenten unter anderem Sendungen mit den Comedians Micky Beisenherz und Oliver Polak, den Journalisten Jörg Thadeusz und Nina Ruge oder der Autorin Ronja von Rönne zur Verfügung. Hinzu kommen Kooperationen mit Medienmarken wie Der Spiegel, Vice, Brand Eins, Galore. Titanic und 11 Freunde.

Der Kommentar des renommierten Radioexperten Bernt von zur Mühlen zu dieser Meldung ist eindeutig:

> „Sprachlos und strategielos steht das ohnehin seit Jahren ruinierte Formatradio vor dieser Entwicklung. Und die Wort-Redaktionen der ARD-Tanker stehen am anderen Ufer. Schritt für Schritt hilft die Plattform-Ökonomie der Audible-Marke den Printmarken in eine andere Dimension, wo frische Zielgruppen warten. Podcasting wird zur OpenSource im konvergierenden Mediendschungel.
> Das verhungerte Skelett eines sich nie in Frage stellenden Formatradios hat Jahrzehnte die Kraft der Worte vom Hof gejagt. Jetzt hilft auch kein KIM Il Arno oder BCI. Podcasting ist eine Berserker-Brückentechnologie. Und das ist gut so.“

Hier wird geklotzt und nicht gekleckert, anders bei der ARD, die freudig erregt gut eine Woche später meldet, dass ihr Audioportal nun online ist.

Allerdings mit der eher allgemein gehaltenen Ankündigung, dass alle tollen Inhalte jetzt auch online via App zur Verfügung stehen. Daraufhin habe ich mir einmal die „Hitliste“ der meistabgerufenen Formate angesehen. Hier das Ergebnis als Screenshot vom 08.11.2017: (ARD, 2017)

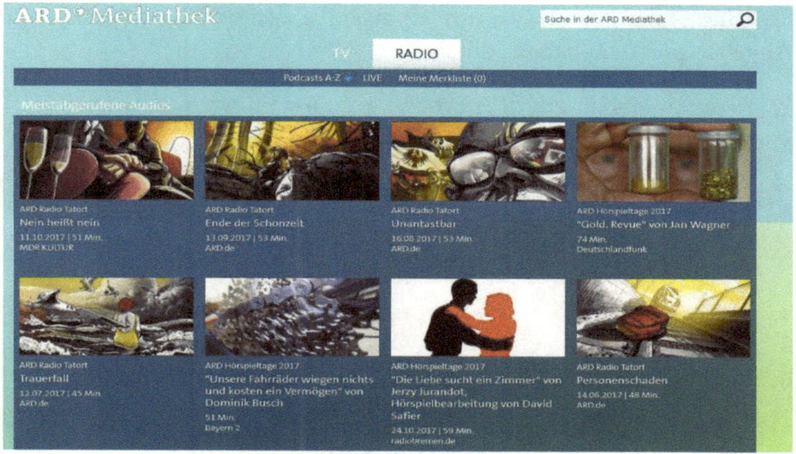

Unschwer zu erkennen, dass hier zwei Formate genutzt werden, der Radio-Tatort und Hörspiele allgemein. Was für die Qualität der ARD-Hörspielredaktionen spricht, zur Hörerbindung *On-Air* jedoch eher marginal beiträgt. Bitte nicht falsch verstehen: Es ist gut und wichtig, dass sich hier etwas bewegt. Leider zeigt sich jedoch wieder einmal, dass vieles im öffentlich-rechtlichen Rundfunk ohne entsprechenden strategischen Hintergrund produziert wird.

Zielführend wäre in diesem Kontext, originäre, massenkompatible und in den Hauptwellen verankerte Inhalte zu schaffen; diese über eine Begleitung durch Podcast-Angebote stärker zu positionieren und Hörerbindung jenseits der On-Air-Präsenz, aber mit Bindung an das Programm zu kreieren.

Die privaten Anbieter sind da eher noch schwächer aufgestellt, da es hier, im Gegensatz zur ARD, keine Hörspielredaktionen gibt, die Erfahrung mit reinen Wortproduktionen haben. Originäre, ausgefeilte Produktionen für Podcasting werden jetzt gerade mit Vehemenz angegangen; ich bin gespannt, wie nachhaltig dieses Engagement sein wird. Dabei gibt es derzeit wohl keine Präsentationsform, die uns als Radiomachern näher ist als Podcasts.

Hier sechs Gründe, warum wir eigentlich schon längst Podcasts im Angebotsportfolio haben sollten:

1. Radio besitzt bereits die notwendige Ausstattung.
2. Radio ist in der Lage, qualitativ hochwertige Audioinhalte zu produzieren.
3. Es gibt Verkaufsteams, die Podcasts vermarkten können.
4. Radio hat das "Megaphon" – seine Reichweite und lokale Bindung – um Aufmerksamkeit für Podcasts zu erzeugen.
5. Die Sender sollten mindestens eine überzeugende On-Air-Persönlichkeit haben, um ein attraktives Podcast-Angebot zu erstellen.
6. Radio hat seine Werbekapazitäten Großteils bereits ausgeschöpft, hier müssen neue Monetarisierungswege her.

Wie sieht die Realität aus? Da werden die eh schon sehr reduzierten On-Air-Inhalte einfach als Podcast ins Netz gestellt, weil man es nachhören möchte. Ganz ehrlich: Wo liegt da der Anreiz für den Nutzer, wo sein Zusatznutzen – abgesehen von On-Demand-Verfügbarkeit?

Zudem sind große Teile der zur Verfügung gestellten Programmelemente den Aufwand und die Zeit nicht wert. Weil der User auch nicht weiß, was ihn tatsächlich erwartet; und schlimm wird es, wenn er Zeit und Aufwand investiert und dann die Inhalte dies nicht rechtfertigen.

Die Konsequenz kann nur sein: Wenn schon Podcast, dann richtig.

Mit Inhalten, die es wert sind, Zeit und Aufwand zu investieren, die dem Hörer einen ECHTEN Zusatznutzen bieten, und die – last but not least – eine klare Bindung an das Programm haben und den Podcast-Hörer im besten Fall an das Hauptprogramm binden oder zu ihm führen.

Der sehr erfolgreiche Podcast „@dunkle Heimat zum Mordfall in Hinterkaifek, den „Antenne Bayern“ realisiert hat, ist ein gutes Beispiel, wie Erfolg nicht unbedingt auch zielführend ist. Dazu zitiere ich einen Freund und Kollegen aus dem Printbereich. Ernst Hofacker, war Redakteur und Chefredakteur unter anderem bei Bravo, ME/Sounds und Guitar. Er ist erfolgreicher Buchautor und macht bei byte.fm eine Radioshow unter dem Titel „Circles“. By the way als ich ihn kürzlich traf kam folgende Aussage „Du weißt ich bin ja der klassische Antipode des Antenne Bayern Programms, mich nervt die aufgeregte Präsentation und mit der Musik kann ich so gar nichts anfangen, aber mit dem Podcast haben sie mich gefangen, dem konnte ich mich nicht entziehen.“ So weit so gut, auf den ersten Blick. Wenn ich jedoch etwas weiter denke stellt sich die Frage wo liegt hier der Nutzen für den Sender, das Programm? Gut der Sender/das Unternehmen Antenne Bayern, kann, wenn sie es clever anstellen, den Podcast monetarisieren und die Kosten wieder einspielen, eventuell sogar ein wenig Geld verdienen, dies ist im Moment allerdings, in Deutschland, noch eher utopisch. Was hat das Programm davon? Wie groß ist die Conversionsrate von Nichthörern zu Hörern, wenn die Zielgruppe nicht kongruent mit dem klassischen Antenne Bayern Hörer ist? Stärke ich mit solch einem Produkt den Markenkern in meinem Sinne? Last but not least binde ich die bestehende Zielgruppe stärker an den Sender, die Kernmarke oder verstöre ich sie? Alles Fragen die sich sicher auch Ina Tenz als PD gestellt hat, und ich bin überzeugt das sie dies auch überprüft hat.

Dieses Beispiel soll zeigen das es nicht nur um die Reichweite, 650.000 Downloads sind mega, also den Erfolg einer Podcast Produktion gehen kann, sondern dass diese inhaltlich und strategisch die Kernmarke stärker macht. Daher ist der kürzeste und direkteste Weg dorthin: Um die (hoffentlich vorhandenen) On-Air-Personalities ein Podcast-Angebot zu kreieren, welches das Programm im Netz weiterführt und stärker macht.

Amazon ist uns durch die Kooperation mit den Verlegern hier schon wieder einen Riesenschritt voraus. Hier sind prominente Persönlichkeiten aus Journalismus und Show die Aushängeschilder für ihr Podcast-Portfolio.

Lassen wir den Vorsprung nicht zu groß werden, zumal dies unsere ureigenste Domäne ist, in der sie uns die Butter vom Brot nehmen.

Als kleine Motivation für die Gesellschafter hier ein kleiner Fakt aus dem Erlösbereich:

PricewaterhouseCoopers (PwC) prognostiziert für 2017 mindestens eine Verdopplung der Podcast-Umsätze in den USA, von 110 Millionen USD 2016 auf über 220 Millionen USD in 2017. Das funktioniert auch in Euro.

Visual Radio, Periscope, Snapchat und mehr...

Video killed the Radio Star – Buggles

Leben im 21. Jahrhundert, das bedeutet unter anderem: Ständig neue unverzichtbare Gadgets und Apps, die unser Leben bereichern, einfacher machen – und vor allem Daten an den großen Datenpool der Betreiber liefern sollen. Ich erinnere hier einmal an *Periscope.*

- Schon gehört?
- Schon genutzt?
- Regelmäßig für die Radioshow eingesetzt?

Ich lehne mich jetzt mal aus dem Fenster und behaupte: 90 % der Radiomacher, die das lesen, müssten dreimal mit „Nein" antworten. Dabei war *„Twitters Periscope ein Megahit"*, zumindest laut Richard Gutjahrs Blog; nicht nur das, er prophezeite: *„Periscope* wird die Art und Weise verändern, wie wir die Welt sehen." Jetzt, gut zwei Jahre später, dreht die Welt sich weiter und die Revolution durch *Periscope* ist, zumindest in meiner Wahrnehmung...ausgeblieben.

Dies ist keine Kritik an dem Kollegen Gutjahr, und ich erfreue mich an seiner Begeisterungsfähigkeit und seiner Offenheit für neue Optionen, die uns die Technik liefert. Was jedoch auffällt: Es ist wenig verwunderlich, dass nur ein Bruchteil der gehypten neuen Technologien sich am Ende durchsetzen. Das ist normal und gut, jedoch habe ich *Periscope* als Beispiel genommen, weil in der Zeit nach der Veröffentlichung des Tools von nichts anderem mehr die Rede war als: „Wie können wir das fürs Radio einsetzen?"; „Das wird Radio endgültig zum visuellen Medium machen"; und so weiter, und so fort. Was hat sich geändert?

Nichts!

Ich will niemandem den Mut nehmen, neue Technik auszutesten, und es ist unverzichtbar, sich über alle Entwicklungen auf dem Laufenden zu halten; aber bitte mit Maß und Ziel. Vor lauter Technik-Hype habe ich zeitweise das Gefühl, dass der Markenkern dessen, was wir tun und wo unsere Hauptaufgabe als Radiomacher liegt, verloren geht.

Liebe Leute: Es wird jede Woche eine neue Sau durchs digitale Dorf getrieben, ohne die Radio in Zukunft nicht existieren kann!

Hier gebe ich zu bedenken: Der Grund, warum der Hörer unser Medium nutzt, sind nicht technische Spielereien, sondern ein gutes Programm. Wenn wir ihm dieses gute Programm dann noch mit aufregenden neuen Nutzungsmöglichkeiten versüßen können, umso besser. Erfolgreiches Radio kann und muss auf dem Stand der Technik sein. Jedoch sollte sich jeder Programmverantwortliche zweimal überlegen, ob alles, was machbar ist, auch sinnvoll ist.

Hier bin ich bei Visual Radio, ein Paradoxon. Warum? Das gibt es schon, es heißt

- Fernsehen
- Video
- YouTube
- Netflix

Was können wir besser, bzw. was wollen wir visuell machen, um Hörer zu generieren? Dazu hat sich auch Robert Kratky (Morgenmann bei Ö3) in einem Interview auf den Lokalfunktagen 2017 in Nürnberg geäußert:

> *„Was ich für gefährlich halte, wovon ich abrate ist, wenn Radiosender versuchen, mit YouTube und Co. in einen Konkurrenzkampf zu treten. Und dann selber zu YouTube werden. Ein Radiosender ist ein schlechtes YouTube und ein schlechtes Instagram. Ein Radiosender kann nur ein guter Radiosender sein." (Kratky, 2017)*

Genau *das* müssen wir uns vor Augen halten. Es gibt ausreichend Content auf YouTube; die brauchen uns nicht, die YouTube-Nutzer. Was sollte sie dazu bringen, wegen eines Videos, das wir bei YouTube veröffentlicht haben, unsere Show einzuschalten? Der Nutzer hat dort andere Präferenzen; es spricht nichts dagegen, auch auf YouTube präsent zu sein, aber das ist nicht unser Hauptaugenmerk. Wir sollen keine *Clicks* bei YouTube generieren, sondern Hörer binden.

Andere Möglichkeit: *Livestreams*. Es gibt kaum etwas Langweiligeres, als Moderatoren bei der Arbeit zu sehen. Zumindest für Laien. Zumal die meisten Radioleute nicht wirklich TV-tauglich sind

Oder die Möglichkeit, Promis im Studio zu sehen. Wunderbar, nur nutze ich Radio meistens, wenn ich keine Möglichkeit habe, mir etwas anzusehen.

Radio muss *Kino im Kopf* bleiben, weil sonst für uns Macher die Versuchung zu groß ist, sich auf die mitgelieferten Bilder zu verlassen und wir somit unserer Aufgabe, diese Bilder zu liefern, nicht mehr adäquat nachkommen.

Radio ist nicht primär ein voyeuristisch genutztes Medium, sondern ein *Mensch-für-Menschen-Medium*. Wir können und dürfen nicht zu einem weiteren Content-Lieferanten für Spanner werden, welche die Welt nur noch durch ihr Smartphone wahrnehmen und jede Katastrophe bei YouTube online stellen.

Die gibt es sowieso, und wir werden daran nichts ändern, aber wir können die Phantasie bedienen; ein Tool, das leider in den letzten Jahren fast in Vergessenheit geraten ist. Dabei ist Phantasie der aufregendste Content-Lieferant von allen; weil, egal wie perfekt künstliche Intelligenz wird, sie kann meine individuelle Gedanken- und Vorstellungswelt niemals ersetzen.

Zu guter Letzt einfach mal die Frage in den Raum gestellt: Warum bieten Spotify, Amazon und Konsorten reine Audio-Streams an? Warum nicht auch Videos?

Weil es schon Videoplattformen en masse und Situationen im Leben gibt, in denen ich visuelle Aufmerksamkeit für wichtigere Dinge brauche. Weil ich grade nicht aufs Handy schauen kann, da ich unter der Dusche stehe oder mein Essen gerade anbrennt oder die Kinder schreien oder möglicherweise ein LKW vor mir bremst. Ich bin sicher, Ihnen fallen noch ein oder zwei Situationen ein, auf die dies zutrifft.

Niemand hindert uns daran, auch Videoinhalte zu liefern – gerne, solange wir darüber unseren Markenkern nicht vernachlässigen, weil Video ja cooler ist. Unser Markenkern heißt „HÖREN"!

Storytelling, Visual Radio etc. sind nichts wirklich Neues. Genau wie „*Packing*" beim Fußball ein simpler Anglizismus für das Überspielen mehrerer Gegner mittels Pass oder Flanke ist. Damit ich richtig verstanden werde: Ich bin nicht gegen die Nutzung – ich bin jedoch der Überzeugung, dass in der derzeit überall propagierten 360°-Radiostrategie der *Hörer* in den Mittelpunkt der Überlegungen gehört.

Alle anderen Zusatzangebote sollten genau das sein: Zusatzangebote, die den Hörer auf unser Kernprodukt aufmerksam machen, ihn an die Marke binden und die On-Air-Protagonisten in deren Auftritt stärken.

Facebook, Twitter& Co. – Fluch oder Segen oder…

She's Got Nothing on But the Radio – Roxette

gar beides? Wie wichtig sind soziale Medien für den Erfolg eines Radioprogramms?

Lassen Sie mich es so formulieren: Die Präsenz auf den Social Media-Plattformen ist heute selbstverständlicher Teil unserer Arbeit, weil die ganze Welt sich dort rumtreibt. Wenn wir nicht präsent wären, könnte der Hörer unsere Existenz anzweifeln.

Auf den Erfolg hat diese Präsenz jedoch nur sehr bedingt Einfluss, auch wenn Ihnen selbsternannte Social-Media-Berater das Gegenteil einreden wollen. Eine gewagte Aussage? Ich werde sie belegen.

Im Jahr 2017 gab es in der Media Analyse I/2017 (nachfolgend MA genannt) massive Einbrüche der Stundennettoreichweiten, vor allem bei den Hörer-Dickschiffen. Explizit möchte ich die Zahlen von Antenne Bayern heranziehen, dem deutschen Marktführer bis dahin.

Antenne Bayern MA 2017/I

Basis Grundgesamtheit	Deutschsprachige 10+		
	MA 2017 Radio I	MA 2016 Radio II Update	Differenz absolut
Dstd.	1.011.000	1.203.000	-192.000

Unschwer zu erkennen: Verluste von 192.000 Hörern/Std im Durchschnitt.

Jetzt schauen wir uns mal die Social Media-Charts an:

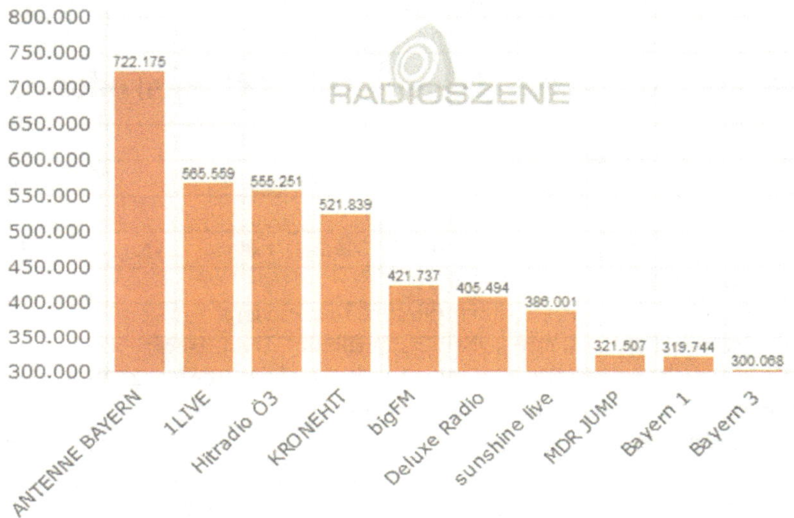

(radioszene.de Köring, Uli JB, 2017)

Hoppala! Bei Facebook weit vorne, selbst das deutlich jünger positionierte 1LIVE weit abgeschlagen.

Warum hat die Antenne so viele Hörer verloren? Weil sie kein Social Media kann? Sicher nicht, denn die Zahlen sagen ja, da sind sie TOP.

Schauen wir uns mal an, was Social Media ist und welche Bedeutung es für uns als Radiomacher hat.

Wie bereits eingangs erwähnt, müssen wir die Social-Media-Kanäle bedienen, weil dies heute unverzichtbarer Teil des Mediengeschäfts ist. Andererseits scheint der Erfolg nur bedingt auf die Hörerzahlen durchzuschlagen. Was kann also Social Media, welchen Sinn macht es für uns Programmmacher, und wie setze ich es zielführend ein? Diese Fragen werde ich, auch mit Hilfe von Experten, beantworten.

Social Media kann uns einen direkten Kanal zu unserem Hörer verschaffen. Der Hörer hat die Möglichkeit, mit uns in einen Dialog zu treten. Er kann sich Zusatzinformationen holen – zu Musik, Nachrichten, Moderatoren und vielem mehr.

Dazu müssen wir jedoch auch in diesen Dialog einsteigen und es nicht wie bisher, im Prä-Internet-Zeitalter, als Einwegkanal behandeln. Das heißt, der Dialog muss zeitnah und persönlich geführt werden, denn das ist das Alleinstellungsmerkmal von Social Media: Konversation und Austausch, gekoppelt mit Sichtbarkeit, Wahrnehmung durch die Anderen, die Community.

Hier ist ein Umdenken zwingend notwendig, ein Umdenken bei den *Verantwortlichen*. Es reicht nicht, die Praktikantin des Monats vor einen PC zu setzen, damit sie sich um den Facebook-Account kümmert und „auch mal was twittert" oder ein Foto bei Instagram postet.

Hier müssen Stellen geschaffen werden, die kontinuierlich und stringent den Social Media-Dialog mit dem Hörer führen und koordinieren. Damit sind die öffentlichen Protagonisten (sprich Moderatoren) nicht von der „lästigen" Aufgabe entbunden, persönliche Posts zu verfassen, um Bindung zum Hörer zu verstärken; jedoch ist der allgemeine, ständig auftauchende Informationsfluss und Dialog zwischen Sender und Hörer gewährleistet.

Was bringt das für die Reichweite, werden jetzt die Gesellschafter fragen. Nichts! ABER wer diese Kommunikation außer Acht lässt, wird sukzessive aus dem Bewusstsein der Hörer verschwinden und durch andere Programme oder Medien ersetzt.

Ein weiterer völlig vernachlässigter Teil der Benefits, den uns Social Media liefern kann, ist der dahinterstehende unglaubliche Datenpool. Die Onlineriesen Facebook, Amazon oder Google machen es uns täglich vor, nur wir schauen anscheinend nicht hin.

Diese erfolgreichen Internetriesen nutzen „Big Data" jeden Tag, jede Minute, ja jede Sekunde, ob wir online sind oder nicht. Sie haben unzählige Informationen inklusive Bewegungsprofilen und Vorlieben gespeichert, dass einem beim Gedanken daran schwindlig werden muss. Aber, VORSICHT PHRASE, es ist wie es ist, wir können diese Sammelwut beunruhigend, gefährlich, lästig, was auch immer finden. Die Daten werden gesammelt – nur nicht von uns!

Wann begreifen wir Radiomacher, welch gigantisches Potential uns die Hörer auf dem Silbertablett servieren – ohne dass wir sie zur Kenntnis nehmen, geschweige denn sinnvoll nutzen? Dazu müsste natürlich einiges an Vorarbeit geleistet werden.

Zum Ersten bräuchten wir jemanden im Team, der diese Daten versteht und in einen sinnvollen, für uns nutzbaren Zusammenhang bringt und aufbereitet. Zum Zweiten eine auf die Bedürfnisse von Radiostationen angepasste Software, welche die Daten sammelt und sortiert. Und last but not least müssten wir diese Daten dann auch zielführend für die Programmgestaltung und Zielgruppenansprache, für Promotions und Werbeauftritte nutzen, auch online in den großen Social Media-Netzwerken.

Ich höre jetzt schon die Geschäftsführer und Gesellschafter aufheulen: „Wer soll all das bezahlen?"

Kurz und knapp: die Hörer, die wir, dadurch das wir sie besser verstehen, an den Sender binden; die Hörer, die wir mit Werbung und Promotions zu neuen Hörern machen; die Werbekunden, die zurzeit verstärkt online buchen, weil sie da vermeintlich den gläsernen Kunden bereits offeriert bekommen.

Während die Anteile von Radio weitgehend stagnieren (Zuwächse um 1 %), wird mittlerweile mehr für Onlinewerbung als für TV investiert. Nun kann man durchaus argumentieren, Radio wüchse langsam, aber kontinuierlich. Das liegt jedoch daran, dass sich Onlinewerbung im deutschsprachigen Raum nicht annähernd so rasant entwickelt wie in anderen europäischen Märkten.

Ursächlich dafür sind der vergleichsweise schlechte Netzausbau und die teuren mobilen Netzzugänge in Deutschland. Durch das bestehende Oligopol der Netzanbieter hinken wir in der mobilen Internetnutzung massiv hinterher. Dies wird aber nicht ewig so bleiben – und dann wird es eng. Spätestens mit dem bereits erwähnten 5G-Standard wird das Netz zur praktikablen Alternative.

Das wichtigste Argument für diese Investitionen jedoch ist – Überleben!

Wenn wir nicht zügig die Möglichkeiten, die das Netz uns bietet, nutzen, werden wir abgehängt und sind bald nur noch Erinnerung bei den Alten, die dann sagen: „Kannst Du Dich noch erinnern an die Zeit, als es Musikcassetten gab, und Telefonzellen und Radio, mei die guade oide Zeit."

Alle Optionen und Tools werden dieses Überleben jedoch nicht gewährleisten, wenn die Basis nicht stimmt. Diese Basis heißt: Ein gutes Radioprogramm, das der Hörer gerne nutzt, weil es seine (auch über Social Media eruierten) Bedürfnisse besser befriedigt, als dies vorhandene und neue Alternativen können.

Kommen wir zu Textangeboten. Ein Negativbeispiel für den Einsatz von WhatsApp habe ich kürzlich in einer Morningshow gehört (die Protagonisten sind dem Verfasser bekannt).

Da wurde nicht DER Hörer, sondern DIE Hörer aufgerufen „Schickt uns mal Eure WhatsApp-Nachricht an einen Menschen, dem Ihr schon immer etwas mitteilen wolltet". Mal abgesehen von der meines Erachtens falschen Ansprechhaltung: wenn duzen, dann konsequent und nicht so halbgar. Weil sich Moderatoren beim Du unwohl fühlen, verfallen sie in den Plural, was soll das?

Dementsprechend enttäuschend die Ergebnisse, die in etwa so waren:

Eine Sprachnachricht „Sagt mal den Autofahrern auf der A XX, dass man auch rechts fahren kann" oder die Textnachricht „Sagt meiner Kollegin, sie soll mir mal `nen Kaffee bringen". Von dem dürftigen, wenn nicht überflüssigen Ergebnis einmal abgesehen, stellt sich mir die Frage: warum nur via WhatsApp?

Selbstverständlich ist es schön, wenn ich für meine Nachricht auch WhatsApp nutzen kann; ein klassischer Anruf, eine E-Mail, eine FB-Nachricht etc. funktionieren jedoch auch, warum dieser eine Kanal? Weil er gerade „in" ist? Weil ich meinem Hörer eine Möglichkeit biete, mich zu erreichen, die andere nicht bieten? Das war vielleicht vor drei Jahren für ein paar Wochen so, dann hatte jeder Radiosender, der seine Hausaufgaben nur minimal erledigt, diese Option implementiert. Nichts gegen WhatsApp, aber warum nur hier?

Ähnliches gilt für Instagram, Pinterest, Snapchat und was immer mittlerweile noch auf dem Markt der persönlichen Eitelkeiten entwickelt worden ist. Bespielt diese Kanäle nach Lust und Laune, aber auch für uns hat der Tag nur 24 Stunden, deshalb mein Ratschlag für die Moderatoren: Schafft persönliche Schwerpunkte.

Wir müssen keine *Influencer* bei YouTube oder Instagram werden, weil wir schon *Influencer* sind, wenn wir gute Sendungen machen. Dann werden *wir* zu denjenigen, die Menschen und deren Leben beeinflussen.

Wer sich die neuen YouTube-Stars, die *Influencer*, mal genauer anschaut, wird folgendes konstatieren: Ein *Influencer* ist nicht professionell im klassischen Sinne; aus Sicht eines klassischen Medienmachers ist er sogar eher dilettantisch. *Influencer* sind häufig frech, distanzlos oder auch einfach nur dummdreist, aber sie sind erfrischend anders als die NORM. Die Norm, die von Radio- und TV-Moderatoren erfüllt wird und damit durch Belanglosigkeit austauschbar ist. *Influencer* sind individuell, jenseits der Norm und häufig erfrischend normal. Eigenschaften, die *Radiopersonalities*, ähnlich wie Fußballprofis und vielen anderen, mittlerweile abtrainiert worden sind. Ob dies gut oder schlecht, ist überlasse ich Ihrer persönlichen Wertung. Ich habe meine Erkenntnis daraus gezogen, und die sieht so aus:

Wir brauchen auch im Radio wieder mehr davon. Mehr Natürlichkeit, mehr Respektlosigkeit, mehr Ecken und Kanten. Das alles jedoch zuerst und vor allem *On-Air*. Wer sich darüber hinaus zum YouTube-Star berufen fühlt: "Hau rein!" Die Grenzen setzen wir uns nur selbst. Als Radioverantwortlicher würde ich jedoch darauf achten, mich nicht zu verzetteln und meine Leute auf Nebenkriegsschauplätzen zu verschleißen. Machen Sie die Plattformen, auf denen Sie präsent sein wollen, auch von den vorhandenen Talenten abhängig, Reden sollte jeder Radiomitarbeiter im Programm können, vor einer Kamera agieren nicht unbedingt.

Um diese Fähigkeit und deren optimalen Einsatz soll es im Folgenden gehen, mit Antworten auf die Frage: „Was ist ein gutes Radioprogramm?"

Formatradio

Dämon oder Götze?

Súbeme la Radio (dreh das Radio auf) – Enrique Iglesias

Wenn der geneigte Leser, sofern mit der „Gnade" der frühen Geburt gesegnet, sich zurückerinnert an präformatöse Zeiten, dann war Radio (von wenigen Highlights mal abgesehen) eine eher triste und langweilige Veranstaltung.

Da ich das Privileg hatte, radiohörend in Aachen aufzuwachsen, konnte ich den drögen WDR-Staatsfunk mit den „vier fröhlichen Wellen von Radio Luxemburg" und den in den 70er Jahren bereits sehr gut verpackten und moderierten holländischen Programmen auf Hilversum 3 vergleichen; da ging die Post ab, zumindest layoutmäßig und von der Musikpräsentation her.

Also hat uns das viel gescholtene Formatradio zuallererst eine neue Form der Darbietung geliefert. Michael H. Haas, Ende der 80er/Anfang der 90er Jahre mein Programmchef bei Antenne Bayern, hat einmal einen spannenden Vortrag auf den bayerischen Lokalfunktagen gehalten, das muss in den 2000ern gewesen sein. Mike war einer der Protagonisten des Formatradios, wie wir es heute erleben, da er mit seinen in den USA erworbenen und bei AFN praktizierten Kenntnissen von *Formatted Radio* in Deutschland neue Türen für Radiomacher geöffnet hat. Sehr verkürzt sagte er in seinem Vortrag: „Ich komme mir manchmal vor wie der Zauberlehrling, der die Geister, die er rief, nicht mehr kontrollieren kann".

Da Mike immer ein großer Meister der bildlichen Beschreibung war, hat er auch hier einen bildlichen Vergleich geliefert, der mich bis heute beeindruckt: „Als ich Formatradio eingeführt habe, wollte ich Radiomachern in Deutschland einen Weg zeigen, wie Radio strukturiert und mit klaren Regeln erfolgreich sein kann. Was dabei herauskam, ist nicht das, was ich erhofft habe. Wäre ich ein Schreiner, so hätte ich ein Beispiel geschildert, wie man einen guten Stuhl baut, in der Hoffnung, andere Schreiner schauen ihn an und bauen nach diesem Vorbild ihre eigenen Stühle. Was jedoch geschehen ist: Sie haben keine eigenen Stühle entworfen, sondern einfach meinen hundertfach nachgebaut. Das war nicht der Sinn und das Ziel. Statt Stühle mit und ohne Lehne, mit oder ohne Polster, in Holz oder Metall zu entwerfen, habe ich mein Modell zigfach geklont gefunden." Ich hoffe, ich habe die Aussage sinngemäß getroffen, Mike.

Es gibt zwei Lager von Radiomachern in Deutschland: Die einen halten Formatierung und Minimalisierung für den Stein der Weisen, die andere Fraktion sieht hier den Untergang des Abendlandes im Radiobereich. Ich versuche im Folgenden, diese Fronten aufzubrechen und ein größeres Verständnis für diese Form strategischer Radioplanung zu erreichen, ohne dabei die Freiheit von Form und Inhalt zu beschneiden.

Formatradio wird anfangs mit einer vermeintlichen Beschränkung der Musikauswahl, später dann mit *Three Element Breaks* und *Linercard-Moderationen* gleichgesetzt. Alles durchaus strategische Elemente, die als Formatbestandteile eingesetzt werden können. Nur sollten wir dabei nicht vergessen, dass *Radio Formatics* nicht zur Vereinheitlichung von Inhalten erfunden wurden. Vielmehr bieten sie uns Radiomachern die großartige Möglichkeit, unser Programm je nach Format spezifisch zu gestalten. Jetzt kommt die Frage der Formatgegner: „Warum klingt dann alles gleich?" Die Antwort steht oben im Text. Die Idee, Radio mit *Formatics* zu beschreiben, kommt aus den USA, wo die Zahl der Radiosender aktuell (2016) laut Arbitron ca. 15.000 AM- & FM-Stationen, verteilt auf 55 unterschiedliche Formate, beträgt.

Im Vergleich dazu haben wir in Deutschland 413 von der AG MA erfasste Radiosender mit wie vielen unterschiedlichen Formaten? Ohne mir die Mühe zu machen, nachzuzählen, behaupte ich: keine zehn, mit Subformaten zwanzig. Wobei sich 90 Prozent auf AC- und Top40-Formate verteilen. Hier liegt dann auch die Crux: Ein Format definiert sich ja nicht nur durch die Musik, die es spielt, sondern auch durch Präsentation und Layout, regionale oder lokale Eigenarten etc. Wie sagte ein Morgenshowredakteur kürzlich zu mir: „Radioentscheider wollen Berater, die ihnen einfache Wege zum Erfolg zeigen. Drück auf diesen Knopf und mach das so, und Du bist erfolgreich."

Es mangelt an der Bereitschaft, sich mit dem, was Radio ausmacht, auseinanderzusetzen. Denn Format heißt in erster Linie: Eine Strategie entwickeln, um im Markt erfolgreich zu sein. Nicht umgekehrt: Wenn ich ein Format über mein Programm stülpe, dann bedeutet dies Erfolg. *Formatics* sind ein Baukasten, der mir Werkzeuge für die unterschiedlichsten strategischen Ansätze liefert; es ist jedoch an mir, diese in eine sinnvolle Zusammensetzung zu bringen, um eine vorher entwickelte Strategie erfolgreich im Markt einzusetzen.

Da kann ich in der Moderation vom Erzählbär bis zum lauten DJ alle Facetten einsetzen, je nachdem wie mein Markt aussieht. Da kann ich mit Mut zur Lücke Erster in einem umkämpften Markt, in meiner Zielgruppe, werden: Indem ich nicht wie 10 andere ein AC-Format anbiete, sondern mit *Black Urban* in einer Metropole eine nicht ganz so große, aber dafür kundenfreundlich homogene Zielgruppe erreiche. Oder ich spiele Schlager, mit Moderatoren, die frisch, aber nicht aufdringlich moderieren.

Das Schlimmste, was ich tun kann: ohne Strategie ein Programm, eine Sendung, einen Break zu machen. Wie soll ich einen Hörer erreichen, von dem ich gar nicht weiß, wer er ist und wie ich ihn erreichen kann? Dafür nutze ich die Werkzeuge, die *Radio Formatics* mir bieten. Nicht um Moderation auf 60 Sekunden zu beschränken, was in dem ein oder anderen Fall durchaus sinnvoll sein kann. Oder indem ich nur noch Eigenpromo in Form von *Linercards* betreibe, was ein wichtiges Element sein kann. Eines! Sein kann!

Um besser zu erläutern, worum es geht, möchte ich ein Beispiel aus meiner eigenen beruflichen Erfahrung heranziehen.

Ende der 90er Jahre übernahm ich meine erste Station als Programmdirektor bei einem Lokalsender. Zum Zeitpunkt meines Einstiegs war der Sender etwa sechs Monate On-Air und wurde von einem zu diesem Zeitpunkt renommierten Radioberater betreut. Der Gründungs-PD hatte den Sender verlassen, weil die Reichweiten-Erwartungen der Gesellschafter sich nicht erfüllt hatten.

Die Marktsituation stellte sich so dar, dass ein seit mehreren Jahren etablierter und sehr erfolgreicher landesweiter privater Sender mit einem Oldie-based AC-Format den Markt dominierte. Darüber hinaus gab es zwei relevante öffentlich-rechtliche Programme, davon ein AC- und ein MOR-Format, die mit der Station im Wettbewerb standen. Alle drei Wettbewerber waren strategisch gut aufgestellt und die Programme sowohl musikalisch als auch inhaltlich und von der Präsentation her stimmig. Meine neue Station sollte sich in einem lokalen Markt mit ca. 400.000 Hörern positionieren. Die Stadt war Landeshauptstadt und die Bevölkerung, auch aufgrund der Universität und ihrer Studenten, relativ jung und modern. So war die musikalische Ausrichtung mit *Hot AC* schlüssig und erfolgversprechend.

Leider war dies jedoch nicht der Fall. Denn die Hörerzahlen gingen schon nach einem halben Jahr deutlich nach unten.

Warum? Die Gründe sind für mich offensichtlich: Hier passten Zielvorgaben und Strategie nicht zusammen. Das von dem Beraterteam empfohlene Musikformat war schlüssig, wurde jedoch leider nicht konsequent umgesetzt. In einem Hot AC-Programm will ich keine 30 Jahre alten Lovesongs in der Morningshow hören. Die will ich gar nicht hören (außer vielleicht im Weihnachtswunschkonzert). Die Erklärung des Beraters: „Die Titel haben aber in unseren Researchs gut getestet". Vielen Dank für das Gespräch. Zweites Dilemma: Die Gesellschafter wollten gerne ein wortlastiges Lokalprogramm mit ausführlichen Beiträgen und Interviews. Was für einen Lokalsender durchaus schlüssig ist – jedoch nicht mit einer musikalischen Ausrichtung, die auf Hot Hits setzt. Ich werde mich auf diesen Hauptkonflikt beschränken, auch wenn Layout, Positionierung und Claim weitere offene Baustellen waren.

Meine Aufgabe war, eine Entscheidung zu fällen, welche Richtung wir konsequent verfolgen wollten, und das Programm dementsprechend strategisch auszurichten. Da mir bewusst war, dass die Gesellschafter von mir primär schnelle Reichweiten erwarteten (dachte ich), war die Entscheidung für ein Hot AC-Format mit kurzer knackiger *crunch & roll*-Moderationstechnik logisch und schnell gefallen. Bei der nächsten Quartalsabfrage, drei Monate nachdem ich angetreten war, hatten wir den Abwärtstrend gestoppt, weitere drei Monate später konnte der Sender eine Reichweitensteigerung von 150% verzeichnen. Da war ich nicht mehr da. Was war geschehen? Meine Maßnahmen und die Neustrukturierung des Programms waren ein voller Erfolg. Die Hörer haben das deutlich klarer definierte Musikformat angenommen und die neue Präsentation war auf diese Hörer abgestimmt, „läuft, Alda". Nur die Gesellschafter waren nicht glücklich??? Weil sie sich in dem neu gestalteten Programm nicht mehr genug persönlich repräsentiert sahen, will heißen: Sie waren zu wenig zu hören. BUMM.

Es war wohl meiner Naivität in dem für mich neuen Verantwortungsbereich geschuldet, dass ich dies nicht berücksichtigt, beziehungsweise nicht besser verkauft habe. Jedenfalls kam ein neuer PD.

Der durchaus fähige Mann kam aus NRW, wo er als Chefredakteur erfolgreich Lokalradio gestaltet hatte. Mit diesen Kenntnissen und Fähigkeiten gestaltete er ein Wortformat, das den Erwartungen der Gesellschafter zu 100 Prozent entsprach. Leider wurde jedoch der Rest des Programms nicht strategisch angepasst, sprich das Format nicht geändert. Die Folge: Der Sender hatte bereits in der nächsten Abfrage ein Drittel Hörer verloren und war nach einem Jahr wieder auf dem Stand, bei dem ich begonnen hatte. Heute gibt es den Sender nicht mehr, und die Gesellschafter haben ihr Lehrgeld bezahlt.

Was ich damit deutlich machen will: Format ist kein Teufelswerk und lässt sich so vielfältig und unterschiedlich gestalten, wie es mir beliebt. Wichtig ist dabei jedoch, dass alles ineinandergreift und sich ergänzt. Angefangen von der Musik über das Wort bis hin zu Layout und Personal (die Reihenfolge ist willkürlich).

Deshalb meine Bitte an alle Formatradiobefürworter und Gegner: Macht es Euch nicht so leicht! Nutzt die Möglichkeiten, die uns unser wunderbar einfaches, aber so schwierig gut und erfolgreich umzusetzendes Medium bietet. Die Werkzeuge im *Formatics*-Werkzeugkasten sind viel komplexer und differenzierter, als Euch einige Berater weismachen wollen. Es ist natürlich für mich als Berater ein schönes Arbeiten, wenn ich mit fünf Standardwerkzeugen um die Ecke komme und die PDs schreien „Super, wenn's so einfach ist: Her damit!" Lasst es Euch gesagt sein: Soo einfach ist es eben nicht.

Fragt mal Arno Müller von 104.6, wie viel harte Arbeit und permanente Nachjustierung eine erfolgreiche Show und ein erfolgreiches Programm erfordern. Arno hat sich für eine ganz klare Strategie entschieden, danach sein Format entwickelt und dieses über die Jahre und die Veränderungen im Markt und in den Hörgewohnheiten weiterentwickelt und angepasst. Du wirst und bleibst nicht *Top of the Market*, wenn Du den einfachen Weg gehst. Erfolg ist die Folge harter Arbeit und gezielt eingesetzten Know-hows.

Die Erkenntnis kann und muss lauten: **„Strategie ist nicht alles – aber ohne Strategie ist alles nichts!“**

Wie Format ohne echte Strategie nach hinten losgehen kann: Auch darum geht es im Folgenden. Zuallererst aber um *Personalities* als strategisches Element eines erfolgreichen Programms.

Moderation Personality vs. Durchhörbarkeit

Widerspruch oder Ergänzung?

Radio GAGA – Queen

Die MA 2017/I war ein Meilenstein. In dieser MA mussten vor allem die großen Radiostationen massive Verluste bei den Stundennettoreichweiten verkraften. Der Marktführer Antenne Bayern 192.000/Std, bis zu -23 % im Tagesprogramm bzw. über 300.000 Hörer zwischen 6:00 und 7:00 Uhr in der Morningshow.

Bitter, denn sicher hat der Kollege Leikermoser im davorliegenden Halbjahr nicht das Moderieren verlernt.

ABER es gab nicht nur Verluste! In den Abendsendungen mit Special Interest-Inhalten oder Personality-Shows gab es Zugewinne, so hat z.B. der Kollege Matuschik bei „Bayern 3" 450 % gewonnen. What the fuck happened? (Keine Angst, hört ja keiner, da werde ich auch noch etwas dazu schreiben.) Also, what the fuck happened?

Huh. Kassandra oder XYZ Research und all die hochbezahlten Beratungsfirmen müssen unter anderem dem Geschäftsführer von Antenne Bayern, K.H. Hörhammer, erklären, wieso der Jahresumsatz um ca. 20 Millionen Euro einbricht.

Da hat man doch alles gemacht, die Playlist auf die 250 Besttester reduziert, Wortstrecken gestrafft und super Promotions gefahren, ja sogar der Social Media-Auftritt ist makellos. Alles, was der gut informierte Berater empfohlen hat, gemacht – und dann so eine Pleite.

Vielleicht, aber nur vielleicht, könnte es ja daran liegen, dass **Durchhörbarkeit zu BELIEBIGKEIT führt.**

Ein Programm, das nicht stört, animiert eben **nicht** zum Zuhören. Wenn alles, was einen Ausschaltimpuls erzeugen könnte, aus dem Programm verbannt wird, schließt man auch alles aus, was Aufmerksamkeit erzeugen könnte.

Spätestens an dieser Stelle bin ich bei einer gut gemachten Playlist des Deezer-, Spotify- etc. Algorithmus genauso gut, wenn nicht besser, aufgehoben. Dazu ein Auszug aus der Studie „Moderation im Hörfunk – Die Stimme in ihrer Wirkung auf das Publikum“ von Resi Heitwerth:

> „Verschiedene Befragungen zeigen deutlich, dass für Radiohörer Moderation sehr wichtig ist. Auf Sender- und Sendungsebene erfüllen Moderatoren verschiedene Funktionen: Sie bauen die verbalen Brücken zwischen den einzelnen Elementen des Programms, sie präsentieren das Programm, und sie repräsentieren den Sender nach außen. Daneben haben sie die Aufgabe, dem Programm ein menschliches Gesicht zu geben. Moderatoren werden somit zu Identifikationsfiguren für die Hörer und können emotionale Bindungen zu den Rezipienten aufbauen.
> Die Bedeutung dieser Hörerbindung nimmt angesichts der expandierenden Medienlandschaft für die einzelnen Sender zu. Für die Programme wird es immer schwieriger, sich voneinander abzugrenzen. Moderation ist eine Möglichkeit, ein eigenständiges Senderprofil aufzubauen…“
> (Heitwerth, 2001)

Ich werde an anderer Stelle noch intensiver auf das Thema Moderation eingehen.

Um meine These vom besseren – nicht perfekten – Radio zu verdeutlichen, hier ein Beispiel, das zeigt, wie Moderation, Social Media und Fehler zu Einschaltfaktoren bzw. Aufmerksamkeitserregern werden können. Wie außerdem Hörerbindung durch Authentizität und Humor entsteht.

Dies ist ein Thread aus dem Account des Kollegen Alexander Wohlrab bei RT1 in Augsburg:

FB 07.06.2017

Andreas Lenz Trink mal lieber nen starken Kaffee, 4 Minuten auf Sendung und schon zweimal der um den Knopf tanzt gespielt. Oder mit Atze Schröders Worten "Der den Knopf nicht bzw. falsch drückt" 😉

Aber eins passt ja zumindest ist es unterhaltsam 😂😂😂

Alexander Wohlrab Das potenzierte sich grade so herrlich: Einmal den falschen Knopf erwischt und dann völlig rausgeflogen und gleich nochmal. Nur gut, dass das hier kein Atomkraftwerk ist 😂

Andreas Lenz Alexander Wohlrab das ist allerdings wirklich gut, ich wäre auch viel zu nahe, außerdem will ich noch nicht das Zeitliche segnen 😂

Gefällt mir

· *Antworten* · 22 Std.

Alexander Wohlrab Andreas Lenz "...für die Bevölkerung bestand zu keinem Zeitpunkt irgendeine Gefahr. Zum Wetter: Pilze..." 😃

Andreas Mayr Wahrscheinlich das falsche heute eingekauft.
PS: Wann dürfen wir Homer sagen?

Alexander WohlrabAndreas Mayr Ich arbeite noch - erfolglos - an der Figur 😁😀

Andreas LenzAlexander Wohlrab du musst dich einfach mehr anstrengen 😉☺ du hättest das damals in der viplounge bei den Panthern nur jeden Tag wiederholen müssen dann hättest den Ranzen mittlerweile beinander 😁😀😁😀😁😀

Gefällt mir

· *Antworten* · 20 Std.

Alexander WohlrabAndreas Lenz😁😀

Andreas Mayr Bleib nur so. Da übersieht man die kleinen mit dem AEV Pulli an der Kühltheke.

So wie heute.

Alexander WohlrabAndreas Mayr Ohje, vergib' mir! Ich war heute spät dran und bin im völligen Tunnelblickblindflug durch den Supermarkt gesteuert😳

Ich habe an dieser Stelle auf die direkten Antworten verzichtet, aber auch so zeigt sich, wie die Arbeit mit dem Hörer funktionieren kann.

Was ist hier passiert? Der so sehr gewünschte *Flow*, die Durchhörbarkeit des Programms, wurde unterbrochen. SKANDAL! Was jedoch ist die Folge dieses unbedingt zu vermeidenden Stoppsets? Die Hörer werden aus dem permanenten Dauerkoma erlöst und nehmen ihr Radio wieder wahr. Meine ehemaligen Moderatoren werden jetzt wahrscheinlich von Déjà-vus heimgesucht – tut mir leid, aber Sie werden nie mehr Aufmerksamkeit erzeugen als durch Schweigen…

...Stille ist etwas gänzlich Unerwartetes für den Hörer. Speziell in Zeiten, in denen selbst die wichtigsten Inhalte mit (an dieser Stelle teils auch noch unpassender) Musik unterlegt werden. Denn Aufmerksamkeit ist nicht gewünscht im durchhörbaren Radioprogramm.

Schluss damit! Tretet endlich wieder raus aus den Radiogeräten, Smartphones oder welchen Gadgets auch immer! Fordert Euren Hörer, indem Ihr ihn zum Zuhören nötigt. Gebt ihm einen Grund, Euch wahrzunehmen, seid provokant.

Wann hat ein Radiomoderator zum letzten Mal für einen echten *Shitstorm* gesorgt? Huh, Shitstorm, böse, richtig böse. Wirklich? Was ist denn ein Shitstorm? Der Duden definiert ihn als *„Sturm der Entrüstung in einem Kommunikationsmedium des Internets, der zum Teil mit beleidigenden Äußerungen einhergeht“.* Muss das für den Betroffenen aber auch negative Auswirkungen haben? Das folgende Beispiel belegt das Gegenteil.

> „Ein Shitstorm kann auch einzelne Personen treffen, wie die 13-jährige *Rebecca Black*. Die Eltern der US-Amerikanerin ließen 2011 für mehrere Tausend US-Dollar ein *Musikvideo* produzieren und stellten dieses auf *YouTube* ein. 44 Millionen Mal wurde das Video zum Song Friday innerhalb relativ kurzer Zeit angeklickt und mit zumeist negativen oder beleidigenden Kommentaren versehen.
> Trotz der schlechten Kritiken brachte diese öffentliche Wahrnehmung der Schülerin einen neuen Plattenvertrag ein; sie konnte so die popularitätsbildende Kritik der Netzgemeinschaft nutzen.“ (Dietrich, 2011)

Ich kann mich nicht erinnern, wann zum letzten Mal eine Moderation zu solch echten Reaktionen geführt hätte. Wenn überhaupt, dann misslungene Promotions, die provokant sein sollten, in der Regel aber bestenfalls geschmacklos oder billig waren.

OK, die Verantwortlichen, die sich ihre Promotions zusammenstehlen, weil so ziemlich jede schon irgendwo auf der Welt gelaufen ist, die dürfen das. Aber wehe die *On-Air-Personality* ist frech, authentisch, provokant, das geht gar nicht, das fällt doch auf das Programm, den Sender etc. zurück. Bullshit, Megabullshit.

Als der Kollege Stefan Lehmann den damals amtierenden Papst mit den Worten „Die polnische Flugente ist soeben gelandet“ in Deutschland begrüßte, da war nicht nur Polen offen. Das gab ein Riesen-Medienecho und eine Abmahnung von der BLM.

ABER der Sender und der Moderator waren tagelang in aller Munde. Dabei gingen die Reaktionen von „das geht ja gar nicht“ über „wen kümmert's“ bis „ein echter Brüller“; auf jeden Fall hat er damit dem guten Johannes Paul II. auf Jahre hinweg seinen Spitznamen verpasst.

Heute sicher kein Aufreger mehr, aber das ist Radio, das ist Personality, und das ist wahrhaftig. Denn im Grunde hat der gute Stefan ja nur das formuliert, was viele über den reisefreudigen Papst gedacht haben, halt bayerisch humorig in Worte gefasst, wie er auch selbst ist.

Wer haut denn heute noch solche Klopper raus? Arno Müller bei 104.6 manchmal, Mike Thiel bei Gong 96,3 in München, oder John Ment bei Radio HH, dann wird es aber schon sehr dünn, zumindest im Tagesprogramm.

Das ist das große Problem mit den stromlinienförmig durchgestylten On-Air-Gestalten, die mich heute im Radio quälen. Da sind jede Form von Ehrlichkeit, Authentizität oder Mut zur Lücke wegtrainiert. Selbst die Modulation ist so verflucht ähnlich, dass ich die einzelnen Protagonisten nicht mehr unterscheiden kann.

Deshalb fordere ich jeden Moderator auf, sich seinen eigenen Shitstorm zu gönnen. Legt Euch mit jedem an, der nicht rechtzeitig die Flucht ergreift. Mit Feministinnen, Veganern, Pegida, Esoterik-Gurus, oder einfach mit dem Papst, egal – wir sind der Lautsprecher unseres Hörers. Wir können es nur besser formulieren, überlasst dieses Feld nicht den Autoren von Twitter-Perlen. Hört zu, lest die FB-Kommentare, habt das Ohr am Puls der Zeit und bezieht Stellung.

Eine On-Air-Personality ist wahrnehmbar und verschwindet nicht in der Anonymität der Masse. Das heißt auch, dass ich als Moderator angreifbar werde, da greif ich einfach mal in die Phrasenkiste: „Viel Feind, viel Ehr“.

Denn eines ist sicher: Du lieferst dem Hörer nur einen Grund, Dir zuzuhören, wenn Du relevant bist. Ich verspreche: Diejenigen, die Dich beschimpfen, schalten morgen auch wieder ein, weil sie ja eventuell ihrer Empörung noch einmal freien Lauf lassen können; und die, denen es gefallen hat, die wollen sowieso mehr von dem *funny stuff.*

An dieser Stelle zitiere ich aus einem Gespräch mit meinem persönlichen Coach.

Frau Zimmermann hört regelmäßig „Bayern 3“. So auch den oben zitierten Matthias „Matuschke“ Matuschik.

Frage an mich: „*Kennen Sie den?*" – „Ja?" – „*Über das, was er sagt, kann ich mich manchmal furchtbar aufregen, dann denke ich: Wer holt so einen ins Radio?*" – „Und hören Sie ihn immer noch?" – „*Naja, eigentlich ist er ja ganz lustig.*"

FRAGEN?

Deshalb noch fünf Euro ins Phrasenschwein: „Everybody's Darling Is Everybody's Depp".

Was braucht eine On-Air-Personality?

Es gibt keine On-Air-Personalities mehr.

Blah Blah Blah on The Radio – Ace of Base

Dazu ein Zitat von Holger Richter, Ex-Geschäftsführer und Programmdirektor von RTL Radio Luxemburg.

> „Jeder schreit nach Radiopersönlichkeiten, und keiner traut sich, so jemanden auf die Antenne zu lassen. (Allerdings sind viele, die sich für sog. Radiopersönlichkeiten halten, gar keine!)"

Wer also seine Moderation durch den *Nürnberger Trichter* komprimiert und dann mit dem *Off-Air-Edit* des Hörercalls – sorry, natürlich mit dem *Station Claim* – abgeschlossen hat, der hat spätestens an diesem Punkt alles, was ihm an Personality zur Verfügung stand, verschleudert.

Wenn dann auch noch alle Moderatoren/innen das gleiche Dauergrinsen im Gesicht haben, gepaart mit der durchgestylten Moderationsstimme, sie so unverwechselbar klingen wie Chicken McNuggets aussehen (Shit schon wieder Ironie, das funktioniert im Radio nicht, ich hab's doch tausendmal gesagt, Scusi!) – spätestens an dieser Stelle stellt sich die Frage nach den Personalities nicht mehr wirklich.

Wie sagte Mike Haas im Station Meeting bei Antenne Bayern einmal sinngemäß: „Gebt mir einen Hausmeister mit einer guten Radiostimme, Wortwitz und ordentlichem Allgemeinwissen, und ich mache aus ihm einen Moderator". Dem würde ich nicht widersprechen. Aber eine Personality ist eben nicht nur ein Moderator, sondern DER Moderator: einzigartig, unverwechselbar und authentisch. Grundsätzlich ist jeder eine Persönlichkeit, (englisch: *Personality)*. Deshalb gilt es, bevor jemand zur On-Air-Personality gekürt wird, genau zu analysieren, ob die Person das gewisse Etwas hat, das **den** Unterschied zu all den Moderatoren ausmacht.

Daher würde ich die Liste der Eigenschaften gerne noch ergänzen um *neugierig, lernwillig, eloquent, intelligent, fleißig, exhibitionistisch, selbstverliebt, open minded* (ich finde kein passendes deutsches Wort) und und und. Last but not least: Das unumgängliche Sahnehäubchen, ohne dass alle anderen Eigenschaften nicht zur *Personality* führen, heißt „TALENT".

Hier sei gesagt, dass Talent ohne die restlichen Eigenschaften ebenso nutzlos ist und keiner nur wegen seines Talents ein großer Moderator, geschweige denn eine On-Air-Personality, wird.

Hier liegt die Tücke. Denn eine *Personality* ist nicht, wer ohne Regeln einfach mal drauflosquatscht, bis ihm die Luft oder dem Hörer die Geduld ausgeht. Eine wahre *Radiopersonality* kennt die Regeln, die sie bricht, aber sie bricht sie bewusst, zielgerichtet und mit einer klaren Strategie. Dies fordert unsere Personality deutlich mehr, als dies bei dem hirnlosen, möglichst fröhlichen, nach *Moodboard* gestalteten Moderationsstil nötig wäre.

Bevor ein Moderator zur Radiopersonality wird, hat er einen steinigen, anstrengenden und ihn bis an seine Grenzen fordernden Weg vor sich. Dies kann und wird er nicht ohne tatkräftige und kompetente Unterstützung und Führung meistern.

(Es gibt Ausnahmen, wie Howard Stern, der allerdings auch erst durch die Untiefen des US-Formatradios musste, um zur einzigartigen Personality zu werden; Ähnliches gilt für den ebenfalls einmaligen Chris Moyles, der für seinen Markt in UK einen großartigen Weg der Präsentation gefunden hat. Sowie einige hier ungenannte.)

So braucht er jemanden, der ihm die die Regeln von modernem Radio vermittelt, inklusive der Hintergründe, warum es diese Regeln gibt und inklusive der Erläuterung, welche Gründe es für welche Regel gibt. Jetzt wird häufig der aus meiner Sicht fehlerhafte Ansatz gewählt „Ich hole mir eine erfolgreiche Radiopersonality, die dann meinen Talenten das nötige Rüstzeug vermittelt, um ebenfalls zur Personality zu reifen" Klingt erstmal vielversprechend, läuft aber der Idee zuwider.

Personality kann keiner lehren, die ist da oder nicht. Eine Radiopersonality ist deshalb so gut/erfolgreich, weil sie eben einmalig ist und weder ihr Auftritt noch ihre Ausstrahlung oder ihre Art der Moderation zu kopieren sind. Dann sind sie nämlich nicht mehr persönlich und einmalig.

So hat zum Beispiel auch jede Personality einen ganz eigenen Umgang mit dem Thema „*Showprep*". Wolfgang Leikermoser (Antenne Bayern) plant seine Sendung akribisch; alles, was in der Show vorab zu bearbeiten und vorzubereiten ist, wird bis ins Detail ausbaldowert. Einen Schritt weiter geht John Ment; er schreibt alles, wirklich alles auf, was er in der Show sagen will, das gibt ihm Sicherheit (das war übrigens auch mein Credo, nur war ich nie so gut).

Das Gegenteil ist Mike Thiel (Gong 96,3 in München). Er plant seine Sendung auch, aber nur, *was* passieren *soll* – nicht das *wie*. Mike weiß, was er machen will; die Umsetzung und die Art und Weise der Moderation geschieht hier zeitnah.

Noch krasser ist Hans Blomberg (RTL Radio Deutschland). Sein Leitmotiv ist die Provokation; er will bewusst Reibungspunkte schaffen, egal ob in Interviews, bei TV-Auftritten oder in seiner Sendung.

Alle hier beschriebenen Personalities sind einmalig. Jeder Sender muss entscheiden, ob diese Persönlichkeit zum Profil des Senders passt; was nicht funktioniert, ist die Persönlichkeit an den Sender anzupassen. Und genau aus diesem Grund kann eine erfolgreiche Personality selten eine neue Personality formen. Die meisten wollen das auch nicht, weil es ihrem Selbstverständnis zuwiderläuft.

Jeder, der einmal mit Radiopersonalities gearbeitet hat, weiß: Oberste Prämisse ist „hab immer ein Snickers zur Hand". Denn sie sind, nicht nur hungrig, Diven vor dem Herrn; jeder hat eine narzisstische Ader, gepaart mit einem mehr oder weniger großen Hang zum Exhibitionismus. Diese lebensnotwendigen Eigenschaften für eine erfolgreiche Personality erschweren die Arbeit mit dem Nachwuchs: Weil es keinen Sinn macht, jemanden zu kopieren, ebenso wenig, sich von allen etwas abzuschauen. Denn genau da fängt die Persönlichkeit an; lernen ja, aber dabei meinen Weg gehen.

Dazu gehört dann im Sender permanente Arbeit mit dem On-Air-Talent. Diese beginnt mit einem täglichen Feedback zur aktuellen Show. Hier werden Korrekturen, Verbesserungsvorschläge und vor allem Lob angebracht. Inhalt dieses Feedbacks: Präsentation, Ansprechhaltung, inhaltliche Aufbereitung von Moderationen, Ursachenforschung bei Fehlern und vieles mehr.

– Bitte, liebe Mods: Lasst Euch dabei nicht mit „Alles Super!" abspeisen. Damit sagt Euch der Aircheckgeber – egal ob es Euer PD,

Chefmoderator oder ein externer Aircheckexperte ist – nichts anderes als: „Du bist mir nicht wichtig genug, um mich mit der Entwicklung Deiner Moderatorenpersönlichkeit zu befassen". Wehrt Euch, wehrt Euch gegen Airchecker, die zwar Gagen kassieren, bei denen Ihr blass werdet, die aber die Mühe scheuen, Eure Show im Ganzen zu hören und denen es zu mühsam ist, auch kleine Verbesserungen durch akribische Arbeit an dem, *was* und *wie* Ihr es sagt, zu erreichen.

- Redet mit Euren Aircheckern, wenn ein Aircheck aus Ansagen wie „da fehlt Dynamik, wenn Du dieses Element spielst" oder „die Promotion kann ruhig öfter stattfinden" oder Ähnlichem besteht; das ist fraglos wichtig und richtig, bringt Dich in Deiner persönlichen Entwicklung als On-Air-Personality aber nicht wirklich weiter.
- Wenn ein Gespräch hier keine Veränderung bringt, dann sprich mit Deinem PD; er bezahlt ja den ganzen Quatsch, also sollte er auch daran interessiert sein, dass hier zielführend und im Sinne der Station/des Programms eine Verbesserung der Qualität seiner On-Air-Personen erreicht wird.
- Fragt bei den Airchecks dezidiert nach: Was kann ich hier besser machen, wie erreiche ich meinen Hörer an dieser Stelle optimal, welche Tipps hast Du für mich, damit ich beim nächsten Mal präsenter wirke? Darauf und mehr brauchst Du Antworten, weil Dich diese Antworten, wenn sie gut sind, weiterbringen. Ansonsten spar Dir die Zeit, such Dir einen Kollegen und frag den, wie Deine Show war.
- Wichtig sind außerdem regelmäßige (min 1x/Woche) Einzel- und Team-Airchecks. Bei diesen Terminen wird der Gesamteindruck der Show begutachtet; hier ist Gelegenheit, den Einsatz von Produktionselementen, die Verteilung der Themen in der Show, den Flow und die Ausrichtung der Show in den Vordergrund der Betrachtung zu stellen.

An dieser Stelle noch ein paar Tipps, worauf Du als Moderator achten solltest, beziehungsweise was Dir bei Deiner Arbeit helfen kann:

1 "Deine Sendung soll eine Vorwärtsbewegung haben! Setze BEWUSST Stopps und Vorwärtsbewegung ein!"
2 "Sei ehrlich! Nur loben, was Dir auch wirklich gefällt. Was Du nicht magst: WEGLASSEN. So wirst Du für Deinen Hörer glaubwürdig."
3 "WENIGER ist MEHR! Nur eine Kerninformation pro Break! Kein Information Overload!"
4 "Tue Dinge, die auch Dein Hörer tut. Wer in den Schuhen seines Hörers steckt, weiß, was dieser will."
5 "Geh ans Telefon! Anrufer im Studio sind nicht lästig, sondern liefern wichtige Impulse! ‚Keine Zeit' ist eine AUSREDE!"
6 "Bereite mehr vor, als Du für die Sendung brauchst" Du kannst NIE zu viel Material haben!"
7 "Male Bilder im Kopf Deiner Hörer! Im Radio müssen Dinge größer als im realen Leben sein!"
8 "Sei überraschend! Der Hörer darf Deine Moderation nicht schon beim ersten Satz im Kopf vollenden!"
9 "Beobachte Deine Konkurrenz! Das kann Dich positiv motivieren, und Du weißt, was möglicherweise fehlt!"
10 "Sprich keine Fremdsprache! Ein guter Moderator wird auch vom dümmsten Hörer verstanden und nicht nur vom intelligentesten!"
11 "Promote nicht nur Deine Sendung, sondern auch das Programm und Deinen Sender!"
12 "Vor jeder Sendung EIN Verbesserungsvorsatz. Und nachher kontrollieren: War es besser?"
13 "Regelmäßig Aircheck! Lasse auch Kollegen, Freunde, Bekannte Deine Sendung kritisieren! Sie alle sind auch Hörer."
14 "Alles schriftlich oder im Smartphone festhalten! Die beste Idee kommt nie zurück!"

Ich höre jetzt schon die PDs jammern: „Ja, wer soll das denn leisten?"

Ganz einfach, Ladies and Gentlemen … Ihr! Denn das ist Eure Hauptaufgabe: Schafft Euch Eure Personalities, denn wenn Ihr es nicht selbst macht, macht es keiner. Kleiner Trost: Wenn Ihr fertige On-Air-Personalities habt (wobei sie niemals fertig sind, denn die Entwicklung muss immer weitergehen) und wenn Ihr das Gefühl habt, sie wissen, was Ihr ihnen vermitteln wolltet: Dann, ja dann können sie Euch in großen Teilen entlasten und z.B. das tägliche Feedback bei jungen On-Air-Talenten übernehmen. Auch Airchecks können dann von Teammitgliedern oder anderen fertigen Moderatoren übernommen werden. In großen Stationen gibt es häufig einen Chefmoderator, der dies verantwortlich in seine Hände nimmt. Trotzdem **„muss“** der PD mindestens einmal im Monat beim Feedback und beim Aircheck an die Front.

Wie so oft im Leben gibt es auch hier eine Alternative zum Selbermachen, aber die kostet Geld: Holt Euch einen Trainer, der Eure Philosophie vertritt (nicht einen, der den Universalmoderator schnitzen kann), und stimmt Euch mit ihm ab. Auch hier bleibt es Euch aber nicht erspart, mindestens einmal im Monat selbst in das Feedback oder den Aircheck zu gehen.

Als Motivationshilfe hier ein Auszug aus einem Interview, das Fritz Egner dem Kollegen Michael Schmich von radioszene.de gegeben hat:

> (Schmich, 2017)„Unterm Strich jedoch glaube ich nicht, dass es in zehn Jahren noch Radio im heutigen Sinn geben wird. Das gilt aber für alle ‚alten‘ Medien wie Print und TV. Die ‚neuen‘ Medien werden den ‚alten‘ die Zeit zur Zuwendung stehlen. Sie sind einfacher und zeitlich unabhängig konsumierbar. Die Playlisten der Streamingdienste können schon jetzt das perfekte Geschmacks- und Interessenspektrum maßschneidern.
> Was sie nicht ersetzen können, ist der Kumpel oder die Freundin im Radio, die regelmäßig und verlässlich für die Hörer da ist und zum Lebensbegleiter wird – wenigstens für eine gewisse Zeit. Radio kann die Sehnsucht nach Verlässlichkeit, Glaubwürdigkeit und gut recherchierter Information erfüllen wie kein anderes Medium. Wer diese Qualitäten bieten kann, hat auch in zehn Jahren gute Überlebenschancen.“

Personality: Wie wird man das?

Die eierlegende Wollmilchsau

Personality – Lloyd Price

Eine häufig gestellte Frage, wenn es um die Ausbildung von Radiopersönlichkeiten geht, ist: „Was bringen Sie denen bei, und wie?"

Die Antwort lautet erstmal: „Nichts" ...So!

Es geht nicht primär darum, Personality zu lehren; denn wie an anderer Stelle bereits angemerkt, ist jeder eine Personality, nur eventuell nicht fürs Radio geeignet, oder nicht für meinen Sender, oder nicht am aktuellen Programmplatz optimal eingesetzt.

Also ist die erste Aufgabe für mich als Coach, zu erkennen, mit wem ich es zu tun habe. Wer ist dieser Mensch, aus dem ich eine erfolgreiche Radiopersonality machen soll? So gilt es, Stärken und Schwächen im Bezug auf die im Programm und in der Show geforderten Eigenschaften zu verifizieren.

Da dies alles sehr theoretisch klingt, möchte ich die Herausforderung anhand eines realen Beispiels erläutern. Ich schildere hier zwei On-Air-Personalities, die beim gleichen Sender in unterschiedlichen Shows erfolgreich moderieren und miteinander nicht wirklich kompatibel sind. Hier liegt übrigens aus meiner Sicht die größte Leistung beim Programmchef Walter Schmich, der die beiden für das Programm bestmöglich eingesetzt hat.

Matthias „Matuschke“ Matuschik

Roman Roell

Bevor ich mich an diesen Text gesetzt habe, war es für mich selbstverständlich, beide um ihre Einwilligung zu bitten. Sie haben auch sofort zugesagt, Matuschke mit dem Kommentar „ausgerechnet Roman Roell“.*grins*

Damit ist schon der Grund geliefert, warum es diese zwei sein sollten. Zum einen arbeiten sie für das gleiche Programm. Zum anderen sind sie von ihrer Arbeitsweise und den Schwerpunkten, die sie in ihrer Arbeit setzen, diametral verschieden. Darüber hinaus würden sie nie auf die Idee kommen, sich privat auf ein Bier zu treffen, weil sie in vielen Positionen komplett gegensätzliche Ansichten vertreten. Last but not least kenne ich beide seit vielen Jahren und hoffe, dass ich mir ihr Vertrauen erworben habe und mit meiner Analyse ihrer Arbeit gerecht werde. Übrigens wäre ein großer persönlicher Erfolg für mich, wenn wir nach der Veröffentlichung zu dritt genau das machen würden: uns mal auf ein Bier im „Augustiner“ treffen.

Roman Roell: Diesen Freund und Kollegen kenne ich seit unseren frühen Radiotagen, daher konnte ich seine Entwicklung sehr gut verfolgen. Roman ist ein *Radio Maniac*, er hat schon während seines Studiums mit der Moderation begonnen. Zunächst bei Radio Sunshine in Königsbrunn bei Augsburg, dann bei Radio Fantasy in Augsburg. Beides waren typische Lokalradios aus der Sturm- und Drangzeit der Privatsender. Dementsprechend unorganisiert, teils chaotisch, war auch das Programm. Diese Stationen lebten ganz zu Anfang von dem Enthusiasmus und dem Elan ihrer, häufig noch unbezahlten, Mitarbeiter. Damals wollten alle nur eins: RADIO MACHEN!

So kam Roman als quasi ungeschliffener Diamant mit aus meiner Sicht großem Potential zu Radio 7 in Ulm, für ihn so etwas wie ein Quantensprung. Denn hier in Ulm wurde Radio nicht mehr von reinen Enthusiasten und aus Spaß am Radio betrieben, sondern da standen zwei große Verlagshäuser im Hintergrund, die den Einstieg in diesen neuen (Privatradio-) Markt nicht verpassen wollten. Ihr Hauptaugenmerk war nicht gutes oder neues oder besseres Radio zu machen, sondern den Werbemarkt nicht anderen Mitbewerbern zu überlassen.

In dieses völlig andere, neue Umfeld kam jetzt der Radioenthusiast Roman, der bis dahin nach eigenem Gutdünken gesendet hatte.
Und erstmals mit Regeln konfrontiert, mit Formatregeln, soweit man davon schon sprechen konnte. Und an dieser Stelle zeigte er eine Qualität, die ihn auch in den folgenden, sehr erfolgreichen Jahren auszeichnen sollte.

Roman war immer professionell eingestellt. Das begann damit, dass er sich umgehend einen Sprecherzieher gesucht hat, der ihm zunächst das (in Donauschwaben verpönte) Augschburrrgerr rollende „R" wegtrainierte. Mit Erfolg. Er machte dann weiter und hat seinen Dialekt komplett zu kontrollieren gelernt.

Was ihm nie wirklich Probleme bereitet hat, war das Musikformat. Er fand das Radio 7-Format zwar spießig, aber das hat ihn nicht gehindert, es mit Verve und glaubwürdig zu präsentieren. Eine weitere Stärke, die er bereits mitbrachte, war sein breites Allgemeinwissen und die Fähigkeit, vorgegebene Texte natürlich und fehlerfrei zu moderieren. Alles Fähigkeiten, die er auch heute noch ausgiebig nutzt.

Das Wichtigste jedoch waren seine Neugier und die Gier zu lernen. Nicht nur wie Radio funktioniert, wie er als Moderator besser werden kann, oder was er für sein Studium braucht. Er war an allem interessiert. Die Folge: Er wurde täglich besser in dem, was er tat. Nicht umsonst hat er in dieser Zeit parallel bei Radio RMC in Monaco auf Französisch moderiert und später als Chefproducer die französische Ausgabe von „Wetten, dass" betreut. Er war und ist ein Hansdampf in allen Gassen. Dabei war er immer sehr diszipliniert.

Das heißt wahrhaftig nicht, dass er perfekt war. Er hatte Probleme mit der Pünktlichkeit; nicht, weil er leichtsinnig war, sondern weil er sich so enge Zeitpläne gemacht hat, dass er manchmal in Schwierigkeiten kam. Ich habe selbst erlebt, dass er zur Morningshow ins Ulmer Studio stürzte, als schon der erste Titel lief. Davon hat jedoch der Hörer nie etwas mitbekommen, denn wenn er das Mikrofon aufzog, war er da.

Und hier sind wir bei der anderen Seite des Roman Roell: Sendungsvorbereitung („*Showprep*") war nie wirklich sein Ding.
Sich vor der Sendung hinzusetzen und sich Gedanken zu machen, wie seine Sendung sinnvoll zu füllen war, empfand er als überflüssig. Roman *produziert* keine Inhalte; er *präsentiert* sie. Hilfreich dabei sind seine außergewöhnliche Stimmfarbe, die ihn sehr seriös wirken lässt, und die oben genannten Eigenschaften. So kann er jede Redaktionsmeldung oder Anmoderation prima Vista fehlerlos und ansprechend moderieren, auch wenn er dann im Nachhinein den verantwortlichen Redakteur inhaltlich oder stilistisch kritisiert. Er ist, was Präsentation angeht, ein absoluter Profi, und das hat er sich schwer erarbeitet.

Allerdings kann er, ähnlich wie Matuschke, manchen PD an den Rand eines Nervenzusammenbruchs bringen. So hat er sich jahrelang geweigert, die obligatorischen Airchecks des Senders zu absolvieren, mit der Argumentation „ wenn meine Zahlen schlechter werden, könnt ihr noch einmal kommen und mir Airchecks anbieten, bis dahin bleibe ich mit dem, was ich mache, erfolgreich" Dies war übrigens keine grundsätzliche Verweigerung von Airchecks; er hatte nur das Gefühl, dass der Aircheckgeber ihm nichts geben könne, was ihn weiterbringt. Ich habe Roman in unseren gegenseitigen Airchecks immer als sehr aufgeschlossen und kritikfähig erlebt, aber nur, wenn die Kritik ihn weitergebracht hat. So arbeitet er bis heute: sehr professionell, aber durchaus unbequem, wenn man ihn nicht überzeugt, sondern dirigieren will. Das ist ihm zumindest heute auch ziemlich egal, denn seit Jahren ist er der Moderator mit den höchsten Zustimmungswerten bei Bayern 3; und so lange das so bleibt, kann er Kritik ignorieren, wenn er sie für überflüssig hält.

Roman ist eine Personality, die nicht davon lebt, zu polarisieren, was häufig mit diesem Begriff gleichgesetzt wird. Er ist der Typ Schwiegermutters Liebling, der nicht polarisiert, sondern verbindet. Ihm hört das Gros zu, weil er sehr souverän klingt, eine natürliche

Stimmlage hat, die dieses Vertrauen stützt, und er gelernt hat zu sprechen.

Er wird nicht wegen seines herausragenden Humors erinnert, denn er ist selten komisch, eher mal unterhaltsam. Fazit: Ihm hört fast jeder gern zu, damit ist er eine Bank für seinen PD.

Matthias „Matuschke" Matuschik: Auf den ersten Blick der totale Gegenentwurf zu Roman Roell. Dabei sind beide auf ihre eigene Weise unangepasst. Bei Matthias findet diese Unangepasstheit als Teil seiner Persönlichkeit Großteils öffentlich statt. Ich kenne Ihn nicht ganz so lange wie Roman und habe auch nie mit ihm gearbeitet, deshalb mag er mir nachsehen, dass ich seine Anfänge nicht ganz so ausführlich schildern kann.

Aber, erste Gemeinsamkeit, auch Matthias hat in den „wilden" Tagen der Privatradio-Pionierzeit mit seiner Radiokarriere begonnen, bei den ganz Wuiden in der Oberpfalz, genauer gesagt bei Radio Ramasuri in Weiden. Ich war damals nicht vor Ort, gehe aber mal schwer davon aus, dass auch hier Radio erstmal „frei nach Schnauze" gemacht wurde. Jedenfalls ist der Matuschke nach einigen Zwischenstopps (Radio Ton in Bad Mergentheim, Radio Gong Würzburg, Antenne RT4, Antenne 1 Stuttgart) den Kollegen vom öffentlich-rechtlichen Programm SWF3 aufgefallen; der dortige Programmchef Bernd Stockinger hatte schon immer ein Gespür für Talente. Mit seiner frechen und unkonventionellen Art war er das, wonach Stockinger immer suchte. So hat er sich bei SWR3 einen gewissen Kultstatus im Südwesten geschaffen.

Das hat ihn nicht davor bewahrt, dass er sich im Zuge der Programmreform und der Zusammenlegung von SDR3 und SWR3 zum neuen SWF3 einen neuen Brötchengeber suchte. Ob er in dem nun deutlich glattgebügelteren Programm nicht mehr senden sollte oder wollte, wissen nur er und die SWF3-Oberen. Jedenfalls fand er zügig ein neues Wirkungsfeld bei Bayern 3, wo sein Heimatdialekt auch deutlich besser verstanden wird als im Südwesten. Zunächst am Nachmittag eingesetzt, wurde bald klar, dass seine kompromisslose und direkte Art der Moderation und sein sehr eigener Humor in dieser Sendeschiene nicht optimal platziert waren. So bekam er seine Personality-Show am Abend.

Matthias ist, nächste Parallele, ähnlich wie Roman nicht das, was man einen „einfachen" Mitarbeiter nennt, sprich er hat Prinzipien, denen er auch gegen Widerstände treu bleibt. So wurde sein Standing im eher konservativen Bayerischen Rundfunk zusehends schwieriger. Nach gut fünf Jahren trennten sich die Wege und Matthias ging zu Pro7 und machte eine Heimwerkershow; dies blieb jedoch ein kurzes TV-Intermezzo. Danach war er bei verschiedenen Lokalsendern und in einem Syndicationformat zu hören und schlug sich mit der Moderation von Events und als DJ durch, da er keine für ihn wirklich reizvollen Angebote aus dem Radiobereich bekam. Bis 2007 WDR2 anklopfte, wo er bis 2008, als der BR wieder nach ihm rief, erfolgreich moderierte. Jetzt ist er seit fast 10 Jahren wieder bei Bayern 3 und macht zusätzlich als Kabarettist, sorry Stand up-Comedian, Furore – oft gemeinsam mit der Kollegin Susanne Rohrer.

Matthias ist das, was landläufig unter einer On-Air-Personality verstanden wird. Er moderiert mit Ecken und Kanten, nach dem Motto „viel Feind, viel Ehr", wer mich nicht mag, soll woanders einschalten. Dies begründet – neben seiner ausgewiesenen Musikexpertise – seinen Kultstatus.

Matthias bereitet seine Sendung akribisch vor, zumindest was die Musik angeht, er verlässt ausgetretene Pfade und konterkariert bewusst das sonstige Musikformat von Bayern 3. Bei der Moderation weiß er größtenteils. worüber er reden will, aber er arbeitet nie mit vorgefertigten Texten; am liebsten ist ihm das Livegespräch mit – gerne auch kritischen – Hörern.

Matthias ist immer gegen den Strich gebürstet, als erklärter Atheist hat er es beim von katholischen Einflüssen nicht ganz unberührten BR nicht immer einfach. Er nimmt kein Blatt vor den Mund, outet sich sowohl als Nichtgläubiger wie auch als Chauvi, gelle Miezekatzen. Damit provoziert er, bewusst und durchaus auch gezielt.

Er positioniert sich gegen Nazis und lässt sich nicht den Mund verbieten. Aber er ist witzig, zwar manchmal anstrengend, aber immer authentisch; damit hat er sich eine zwar überschaubare, aber dafür umso treuere Fangemeinde erarbeitet. Er scheut sich nicht, auch in den sozialen Medien seine Standpunkte offensiv zu vertreten und lebt nach dem alten Comedian-Motto „lieber einen Freund/Fan verloren als eine gute Pointe".

Matuschke wird, im Gegensatz zu Roman Roell, wohl nie die Nummer Eins auf der Beliebtheitsskala werden. Das ist aber auch nicht sein Ziel; ihm ist mit Sicherheit die Nummer Eins auf der Glaubwürdigkeits- und Konfrontationsskala lieber. Trotzdem sind beide einzigartig, sie sind unterschiedliche Charaktere: Roman macht Radio, weil er es gut und erfolgreich machen will; Matuschke macht Radio, weil er eine Botschaft hat und Musik liebt. Roman will gemocht werden, Matuschke will auffallen. Beide jedoch sind für unser Medium unverzichtbar, weil sie – jeder auf seine Art – dem Radio ein Gesicht geben, sie werden vermutlich bei ihren Hörern keine großen Schnittmengen haben, deshalb könnten sie auch nicht beide im gleichen durchgestylten Durchschnittsradio, das auf Durchhörbarkeit getrimmt ist, moderieren.

Dies ist einer der Gründe, warum ich für ein starkes und wirtschaftlich unabhängiges öffentlich-rechtliches Radio bin. Leider wird diese Freiheit zu selten genutzt.

Ich bin ein Fan von beiden. Ich mag Roman, weil er ein freundlicher und angenehmer Zeitgenosse ist und dies auch im Radio transportiert. Ich mag Matuschke, weil er frech und provokant ist und seine Meinung auch ungefragt rausposaunt. Beide sind tolle Menschen, auch wenn sie von ihrer Weltsicht kaum unterschiedlicher sein könnten. Aber das ist es, was Radio, auch in Zukunft, braucht. Diversität, Vielfalt, Kontrapunkte und vor allem Menschen und keine *Linercard*-Roboter.

So und jetzt hoffe ich, dass wir drei uns nach der Lektüre dieses Kapitels mal zusammensetzen auf eine, gerne auch mehrere Hopfen- oder Weizenkaltschalen.

Wie an diesem Beispiel unschwer zu erkennen ist, kann es niemals funktionieren, beide Personalities nach dem gleichen Schema an das Thema Moderation heranzuführen. Genau aus diesem Grund werden Sie hier auch nicht „10 unumstößliche Regeln zur Radiopersonality“ finden. Die Blaupause, welche für zwei Persönlichkeiten wie die oben beschriebenen passt, ist noch nicht gefunden. Daher liegt die Herausforderung bei der Suche und Ausbildung von On-Air-Personalities in den Fähigkeiten des Scouts oder Ausbilders.

Im Grunde brauche ich als Coach ähnliche und mehr Skills wie die zukünftigen Radiostars. Da braucht es Empathie und Logik genauso wie Neugierde und Disziplin. Da müssen Analyse und Intuition Hand in Hand gehen, und es kann nur funktionieren, wenn sowohl Coach als auch Moderator den Willen und den Wunsch haben, das gleiche Ziel zu erreichen: den Moderator besser zu machen, um ein erfolgreiches Programm zu gestalten. Die Grundvoraussetzung ist jedoch, dass es ein formuliertes strategisches Ziel gibt, nach dem sich die Arbeit mit der Personality ausrichtet.

Glaubwürdigkeit und Kompetenz. Die Stimme!

You're The Voice – John Farnham

Auch wenn es die vielen Talente und auch die Verantwortlichen nicht gerne hören: Ohne Stimme keine Moderation. Ganz klar keine Regel ohne Ausnahme; es gibt Personalities, die mit Kinderstimme trotzdem Karriere machen und ihr Publikum finden.

Wissenschaftliche Erkenntnisse aus unabhängigen Studien, sowohl in den USA als auch bei uns in Deutschland, ergeben klar: Die Stimme ist ein nur bedingt zu beeinflussendes Kriterium, das die Wahrnehmung durch den Hörer massiv beeinflusst. Diese Erkenntnis fließt jedoch augen-/ohrenscheinlich nicht mehr in den Castingprozess angehender Radiomoderatoren ein. Anders kann ich mir die Unzahl quäkender und fiepender, teilweise noch mit einem Lispeln ausgestatteter „Moderatoren" im deutschen Radio nicht erklären. Der Einwand, die Stimme ist nicht alles, mag ja korrekt sein – aber ohne Stimme ist alles nichts. Dazu eine Studie von Resi Heitwerth aus dem Jahr 2001 für die Universität Köln:

> „Die Auswertung der Hörerbefragung macht deutlich, dass Menschen sehr viel Wert auf eine angenehme Stimmhöhe der Moderatoren legen. Diese Stimmeigenschaft weckt Assoziationen über die Persönlichkeit des Sprechers und gilt als Indikator für seine Fähigkeiten. Aus der Stimmhöhe werden besonders Kompetenz und menschliche Anmutung abgeleitet... Eine hohe Stimme wird mit kindlichem Äußeren und geringer Kompetenz des Moderators in Verbindung gebracht, während eine tiefe Stimme burschikoses Auftreten vermuten lässt und mit Kompetenz und Glaubwürdigkeit assoziiert wird. Eine Begründung für das bessere Gefallen der tieferen Stimme ergibt sich aus der Bedeutung von hohen und tiefen Tönen im Alltag. In der Regel werden hohe Töne als Alarmsignale und Sirenen benutzt. Tiefe Stimmen sind dagegen raumfüllend und haben einen beruhigenden, besänftigenden Effekt."

Diese Wahrnehmung ist übrigens altersunabhängig bzw. in allen Zielgruppen ähnlich. Ich gebe zu, dass ich ein Fan außergewöhnlicher Stimmen bin. So habe ich in Graz einmal eine Bedienung im Eiscafé zum Casting eingeladen, weil mich ihre Stimme umgehauen hat; mein damaliger Chefproducer beim Grazer Radio 107,5, Michael Fischeneder, heute PD bei Antenne Steiermark, saß fassungslos daneben. Leider hat sie nach dem Studium dann doch als Anwältin praktiziert, was ich nachvollziehen kann; sie macht das übrigens sehr erfolgreich. Oder die Kollegin Eva Mayer, mit der ich bei Radio 7 gearbeitet habe; sie hätte mir das Telefonbuch vorlesen können und ich hätte andächtig gelauscht. Diese Mörderstimmen gibt es, naturgemäß weil die Stimmlage in der Regel bass lastiger ist, häufiger bei Männern, da denke ich an Werner Reincke, Elmar Gunsch, Camillo Felgen und viele andere, die sagen konnten, was sie wollten, Du hast zugehört. Weil es so schön klang.

Erst neulich war so ein Beispiel für die Faszination Stimme im Radio. Anlässlich Elvis‘ vierzigsten Todestags war ein Elvis-Imitator in einer Morningshow eingeladen. Die beiden Moderatoren haben brav den Videolivestream geteased,

wo sie unter anderem den Elvis-Hüftschwung geübt haben, aber der Brüller war… die Liveperformance des Elvis-Imitators. Der Mann hat zwei Balladen gesungen und die Reaktionen waren der Hammer. Zitat einer Hörerin: „Ich stand nackt im Badezimmer und hatte am ganzen Körper Gänsehaut!“

Any Questions?

Nun ist nicht jeder mit „DER Mörderstimme“ gesegnet; allerdings wäre es wünschenswert, wenn der Faktor „Stimme“ wieder mehr Einfluss auf die Auswahl des On-Air-Staffs hätte. Was bei YouTube schöne Brüste oder ein Sixpack sind, ist im Radio nun einmal die Stimme.

Damit ursächlich im Zusammenhang steht auch die Sprache. Während ich die Stimmhöhe kaum, den Klang einer Stimme aber durch entsprechende Übungen durchaus *verbessern* kann, ist die Sprache *erlernbar*.

Ich selbst habe laut unseren Producern bei Antenne Bayern eher eine Durchschnittsstimme. Trotzdem bekam und bekomme ich häufig positives Feedback in Form von: „Sie haben aber eine schöne Stimme“, solange meine Gesprächspartner mich nicht sehen. Das liegt jedoch nicht an der besonders sonoren Stimmfarbe, sondern an meiner Sprache. Ich habe, schon aufgrund meines Aachener Heimatsingsangs, intensive Sprecherziehung absolviert; die dabei erworbenen Techniken lassen meine Sprache im Ohr meines Hörers/Telefonpartners angenehm klingen. Etwas, das jeder lernen kann.

Wie wichtig eben diese Sprache und der Moderator für ein Programm ist, hat Resi Heitwert in ihrer Masterarbeit ebenfalls erläutert:

> (Heitwerth, 2001)„Bei der Senderwahl ist für den Großteil der Hörer zunächst die Musik das wichtigste Kriterium. Der Musikgeschmack entscheidet, ob ein Programm über eine längere Zeit hinweg eingeschaltet bleibt. Eine starke Bindung an das Programm kann aber über die Musik allein nicht geleistet werden. Nachrichten, Servicemeldungen und informierende Wortbeiträge werden von den Hörern als Standard-Programmelemente angesehen. Daher tragen diese Wortelemente zu keiner Bindung an das Programm bei. Nicht die kognitiven, sondern die affektiven Programmelemente sind deshalb entscheidend. Dabei ist innerhalb dieser Programmelemente die Moderation das herausragende Programmelement. Abschließend kann gesagt werden, dass der Moderator zwar nicht die gleiche Motivationskraft hat den Radiokonsum auszulösen wie die Musik, aber in hohem Maße die Akzeptanz einer Sendung und eines Senders bestimmt. Diese Akzeptanz im Sinne einer Gratifikation steuert das zukünftige Nutzenverhalten und wirkt sich schließlich auf die Medienbindung aus. Moderation ist also ein Faktor, der auf verschiedenen Ebenen des Radiokonsums eine Rolle spielt.“

Mit einer guten Stimme und Spreche ist es jedoch noch nicht getan, denn auch Du als angehende On-Air-Personality bist gefordert:

- Der Weg zur Personality führt über Arbeit an Dir selbst: Da wäre oben erwähnte Sprecherziehung, Stimmbildung, Disziplin, ständige Übung im Sendungsfahren, Interesse an Deiner Umwelt, an den Menschen, Verbreiterung Deiner Allgemeinbildung, Kontakt zu Hörern, Politikern, Unternehmern, überhaupt zu jedem, der Deine Sendung hören kann oder soll, und der Ehrgeiz, sich ständig zu verbessern.
- Hör alles, lies alles, schau Dir alles an, was Dir möglich ist.
- Sei auf dem Stand der Zeit, höre Musik auch jenseits des Senderformats, und eigne Dir Wissen über Musiker und Musik an.
- Verfolge die Nachrichten und lies Zeitungen.

Ich könnte hier noch stundenlang weiterschreiben. Du kannst nie zu viel erfahren und bist auch nie fertig.

Das folgende Kapitel soll ein paar Anregungen liefern, was Du selbst leisten kannst, um besser zu werden.

10 „Gebote" für On-Air-Personalities

Radiomann – Strandjungs

Hier findest Du ein paar Grundregeln, die Dir helfen sollen, Deiner Herausforderung als Moderator, besser gerecht zu werden.

1 Du sollst nicht nörgeln!

Die Moderation ist freundlich. Denn wir freuen uns, dass uns unser Hörer zufällig gerade auf unserer Frequenz begegnet. Wir möchten, dass er uns zuhört. Wir hören freundlichen Menschen auch lieber zu als Nörglern und Schwerenötern.

2. Du sollst nicht schwafeln!

Die Moderation ist direkt. Unser Hörer hat zu wenig Zeit, wenn er uns trifft. Wir kommen direkt zur Sache, ohne zu hetzen. Wir erzählen klar und verständlich, damit der Hörer uns folgen kann, aber wir sparen uns alle überflüssigen Schlenker und blumigen Ein- und Umleitungen (es sei denn, es bietet sich als besonderes Stilmittel an).

3. Du sollst Dich nicht anbiedern!

Die Moderation richtet sich immer an einen individuellen Hörer. Wir können den Hörer dabei direkt ansprechen, aber biedern uns nicht bei Ihm an. Wir sitzen neben ihm – aber nicht auf seinem Schoß.

4. Du sollst nicht ablesen!

Die Moderation soll nie abgelesen klingen. Der Moderator ist kein Märchenonkel. Eltern wissen um die einschläfernde Wirkung des Vorlesens. Wir reden natürlich und unverkrampft mit dem Hörer, aber nicht kumpelhaft und schulterklopfend.

5. Du sollst nicht schauspielern!

Der Ton ist dem Thema angemessen. Bei bunten, unterhaltenden Themen ist die Moderation dynamisch und freudig, aber nicht marktschreierisch und künstlich begeistert. Bei ernsten Themen ist die Moderation ernst, aber nicht trübsinnig und leidend; nachdrücklich, aber nicht hochdramatisch.

6 Du sollst schauspielern!

Dem Moderator merkt man nie an, dass er einen vollen Arbeitstag hinter sich hat, dass er schlecht geschlafen oder Krach mit seiner Frau hat. Ein Moderator vermittelt immer das Gefühl, dass ihm seine Tätigkeit Freude bereitet und nie, dass er einen "Job" macht – egal, was davon tatsächlich zutrifft.

7 Du sollst nicht belehren!

Ein Moderator ist immer besser informiert als sein Hörer, aber er lässt es ihn nie spüren. Ein Moderator ist kein Oberlehrer. Er macht seinen Hörer schlauer, aber es ist nie besserwisserisch. Ein Moderator ist für viele seiner Hörer ein "STAR", aber er behandelt sie nie wie Fans.

8 Du sollst den Mund halten können!

Ein guter Moderator kann auch den Mund halten (weniger ist mehr). Er freut sich darüber, dass sein Hörer ihm zuhört, und darum missbraucht er niemals diese Bereitschaft. Wenn ein Gesprächspartner etwas Wichtigeres zu sagen hat als er selbst, kann der Moderator schweigen und zuhören. Der Moderator unterhält seinen Hörer, aber er muss ihn nicht ununterbrochen zum Lachen bringen. Schlechte Kalauer und dumme Sprüche werden nicht dadurch besser, dass sie von einem Radiomoderator vorgetragen werden.

9 Du sollst Dich konzentrieren!

Der Moderator klingt mit jeder Silbe, die er sagt, konzentriert, engagiert und bei der Sache, auch bzw. gerade, wenn er nebenbei die Technik bedient und tausend andere Dinge bedenken muss.

10 Du sollst nicht selbstverliebt sein!

Der Moderator ist von jedem Wort, das er sagt, hundertprozentig überzeugt. Und er ist ebenso davon überzeugt, dass es in dieser Sekunde auf dieser Welt nichts Wichtigeres gibt als das, was er zu sagen hat. Trotzdem ist er nicht selbstgefällig und in seine eigene Stimme verliebt (was ja bei den meisten Moderatoren der Fall ist – aber hören darf man es nicht).

Übrigens: Wenn Du dann eine echte Personality bist, kannst Du Dich zur richtigen Zeit, im richtigen Kontext und mit der richtigen Entschuldigung über jede oder alle diese Regeln hinwegsetzen, aber dann machst Du es bewusst und kannst erklären, warum.

Oder wie Matthias Matuschik (Bayern 3) es auf den Lokalfunktagen 2011 formuliert hat.

> "Ich rede einfach so, wie mir der Schnabel gewachsen ist", "Ich rede nicht, wie man es mir beigebracht hat. Wenn ich zurückdenke, sehe ich mich auf dem Schulhof stehen, mit Leuten um mich herum, die sich meine Geschichten angehört haben. Ich habe immer so gesprochen. Ich gehe nicht in den Sender und ändere plötzlich mein Verhalten, um ein Grinsbügel zu werden."

Alle diese Regeln und mehr machen Dich aber nicht zur On-Air-Personality, wenn Du den einen essentiellen Schritt nicht gehst: Den Schritt aus dem Radioempfänger, Smartphone, Tablet, was auch immer, rein ins Leben Deines Hörers.

Radiomoderation ist ONE-TO-ONE-Kommunikation!

Pilot of the Airwaves – Charlie Dore

Der aufmerksame Leser wird bemerkt haben, dass ich vom Hörer immer in der Einzahl spreche. Das hat einen gewichtigen Grund, auf dem meine Philosophie von Moderation basiert. Gut, die Idee davon hat mir Dan O'Day 1999 in einem Wochenendseminar in Unterföhring vermittelt. Seitdem hat sie mich begleitet und mir geholfen, aus Talenten Personalities zu formen.

"Radio ist One-to-One-Kommunikation". Wenn ich jedes Mal für ein ABER, dass mir nach diesem Satz entgegengeschleudert wurde, einen Euro bekommen hätte, würde ich heute einen Maybach fahren.

Auch wenn ich im Vorfeld geschrieben habe, ich wolle hier kein Handbuch für Radiomacher verfassen, möchte ich doch ein Beispiel aus der Praxis bringen (das mich, nebenbei, ziemlich nervt).

Wenn ich mit Newbies über Radio spreche, kommt als erstes die Frage: „Wie wird man Moderator?", bei erfahreneren Moderatoren: „Wie wird man denn eine Personality?" Meine Gegenfrage ist dann regelmäßig: „Wer?" (Ich weiß, einige Moderatoren, die mich kennen, beißen sich gerade auf die Zunge oder grölen.) „Na ja, ich wüsste gerne: Wie wird man Moderator/zur Personality?" Darauf kommt meine Antwort: „Gar nicht!", was dann zu „??????" und großen Augen führt. Wer jetzt mit den Augen rollt und die kommende Antwort kennt, kann die nächsten Seiten überspringen, obwohl es auch nicht schadet, sich das noch einmal vor Augen zu führen.

MODERATION im Radio ist One-to-One-Kommunikation.

Um mit meinem Hörer zu kommunizieren, muss ich erst einmal selbst zur Person werden. Also lautet meine Frage:

„Wer ist man?"

Die Antwort: Niemand oder jeder; auf alle Fälle keiner, mit dem ich kommunizieren kann. Im Duden findet sich unter „man" folgende Definition:

> jemand (sofern er in einer bestimmten Situation stellvertretend für jedermann genommen werden kann)
> irgendjemand oder eine bestimmte Gruppe von Personen (im Hinblick auf ein bestimmtes Verhalten, Tun) (oft anstelle einer passivischen Konstruktion)
> die Leute (stellvertretend für die Öffentlichkeit)
> jemand, der sich an bestimmte gesellschaftliche Normen, Gepflogenheiten hält
> ich, wir (wenn der Sprecher, die Sprecherin in der Allgemeinheit aufgeht oder aufgehen möchte)
> Du, Ihr, Sie; er, sie (zum Ausdruck der Distanz, wenn jemand die direkte Anrede vermeiden will)

Also: Wer ist man in einer One-to-One-Kommunikation? Irgendjemand oder niemand. Hat einer der geschätzten Leser schon einmal einen Dialog mit 50, 100 oder 100.000 Menschen geführt? Natürlich nicht, das nennt sich Paradoxon, weil es einen Widerspruch in sich beinhaltet.

Wenn ich an diesem Punkt bin, kommt fast immer die Aussage: „Aber wir (der Sender) wollen doch mit allen Hörern kommunizieren und nicht nur mit einem". Das nächste Paradoxon: Ist der Sender eine Persönlichkeit? Sind DIE HÖRER eine Persönlichkeit? Wie sollen die dann miteinander kommunizieren?

Hat sich einer der Befürworter des Pluralis majestatis „Wir haben jetzt Tickets für Euch" Gedanken darüber gemacht, was das heißt? Wer moderiert denn gerade? Der Sender? Das Team des Senders? Die Gemeinschaft der Moderatoren? Wen spreche ich damit an? Die Hörer, also die Gemeinschaft der Hörer? Das wäre natürlich eine sehr persönliche und intime Form der Ansprache. Damit schaffe ich Bindung (Vorsicht Ironie).

Im Gegenteil, das ist die wohl schlechteste Form des Dialogs, die es gibt, bestenfalls geeignet für ein Forum von mehreren hundert oder tausend Menschen, zu denen ich von einer Bühne spreche. Das heißt aber, es findet kein echter Dialog statt, der mich persönlich werden lässt – und wie der Begriff es schon aussagt: „Keine Personality ohne Persönliches".

Der häufigste Einwand: „Aber da hören doch Tausende, Hundertausende, Millionen zu" ist richtig, jedoch nicht maßgeblich. Denn was zwischen Moderator und Hörer geschieht, ist persönlich, ist Vertrauen, ist, im besten Fall, intim.

Auch hier zitiere ich noch einmal Frau Zimmermann (Radiohörerin). Folgendes Szenario: Bei „Bayern 3" wurde 2016 die jahrelang mehr oder minder erfolgreiche *Morning Crew* durch eine neue, junge, freche, witzige und in den sozialen Medien beheimatete Crew ersetzt. So weit, so gut (wobei, wohl eher weniger gut, denn zum jetzigen Zeitpunkt – weniger als ein Jahr danach – gibt es schon wieder eine neue, junge, freche, witzige und in den sozialen Medien beheimatete Crew). Aber zurück zu Frau Zimmermann, ihre Aussage mir gegenüber, ohne dass ich danach gefragt hatte: „Ich finde es schade, dass da jetzt ein neues Team in der Morgensendung ist. An die ‚Alten' hatte ich mich so gewöhnt, das war ein vertrautes Gefühl, wenn ich die morgens gehört habe, vor allem der Fleischmann, der war immer so unangepasst." Was will ich mit diesem Zitat zum Ausdruck bringen?

- Dass wir eine Morning Crew solange senden lassen, bis wir sie mit den Füssen voraus aus dem Studio tragen müssen?
- Dass, was neu ist, schlecht ist?
- Dass die Jungen es eh nicht können?

Beileibe nicht. Was hier deutlich wird, ist die Beziehung vom Hörer zum Moderator. Der Hörer empfindet sich nicht als Teil einer anonymen Masse, sondern lädt die Drei jeden Morgen in seine Küche oder ins Esszimmer an seinen Frühstückstisch ein. Dieses Morgenteam ist Teil der Familie und liefert Wohlbefinden, weil es vertraut ist. Glaubt wirklich einer von Ihnen, dass die Familie sich als Teil der knapp 1 Million Hörer fühlt, die zwischen 7:00 und 8:00 Uhr „Bayern 3" hört? Selbst innerhalb der Familie nimmt jeder die Morning Crew anders wahr, hat jeder seinen Favoriten, fühlt sich jeder von anderen Inhalten, einem anderen Auftreten, einer anderen Stimme angesprochen.

HIER müssen wir uns bewusst machen, dass es niemals heißen kann: „Seid umarmt, Millionen", sondern: „Schön, dass Sie mich zu sich eingeladen haben!" (Wie es der Morgenmoderator von Ö3, Robert

Kratky, bei einem sehr guten Interview anlässlich der Lokalfunktage 2017 (Kratky, 2017) zu meiner Freude in ähnlicher Weise formuliert hat.)

Dazu gehört auch, dass Personality nichts mit vorgetäuschter Verbindlichkeit zu tun hat. Diese Unsitte hat Matthias Matuschik auf dem Lokalfunkpanel 2011 ebenfalls schön beschrieben:

> „In vielen Stationen bekommen die Moderatoren Timelines, in denen ihnen erklärt wird, was der Hörer gerade zu welchem Zeitpunkt macht... damit sie ihnen sagen können, was sie gerade machen? Das ist wie eine Gebrauchsanleitung zum Atmen – einatmen ...ausatmen. Meine Hörer wollen von mir nicht hören, dass heute ein guter Tag ist, um die Wäsche draußen aufzuhängen. Um eine echte Verbindung zum Hörer herzustellen und die Notwendigkeit zu schaffen, dass die vierte Auflage Autogrammkarten gedruckt werden muss, sind andere Dinge wichtig."

Eine Unart, die aus der Tatsache resultiert, dass keine echte Verbindung zum Hörer da ist, sondern versucht wird, Personality anhand von Regeln und Vorgaben zu erzeugen. Das kann nicht funktionieren.

Seit mindestens 15 Jahren höre ich die verantwortlichen Radiomacher jammern: „Wir haben keine Personalities, was sollen wir denn machen?" Alle Jahre wieder wird dann eine Stunde darüber geschwafelt, was "man" machen müsste. Alle im Auditorium nicken gewichtig und zustimmend. Wenn es jedoch an die Umsetzung geht, hat keiner die *Cojones*, nur einen Bruchteil der ach so tollen Ratschläge umzusetzen. Dafür kann "man" sich dann nächstes Jahr wieder hinsetzen und bejammern, dass es doch keine Personalities gibt.

Deshalb, liebe Programmchefs und Geschäftsführer, hier ein Ratschlag von Richard Branson (VIRGIN) an alle Unternehmer:

> (Branson, 2013) „... dass es unmöglich ist, eine Firma zu leiten, ohne dabei Risiken einzugehen. Virgin wäre nicht das Unternehmen von heute, wenn wir zwischendurch keine Risiken eingegangen wären. Sie müssen wirklich fest an das glauben, was Sie tun. Engagieren Sie sich zu 100 Prozent dafür und bereiten Sie sich darauf vor, dass Sie unterwegs einige Blessuren erleiden werden. Wenn Sie eine Sache mit der Erwartung starten, dass sie schiefgehen wird, wird das in neun von zehn Fällen auch passieren."– „Die Mutigen mögen nicht ewig leben – aber die Vorsichtigen leben überhaupt nicht!"

Personalities wachsen nicht auf Bäumen und werden auch nicht, wie mich meine Mitarbeiter in Graz einmal gefragt haben, in Genlabors geklont. Sie brauchen Platz, sich zu entwickeln, sie brauchen Programmchefs, die sie hegen und pflegen, und sie müssen ordentliches Geld verdienen, weil sie sonst ihr Talent zu Markte tragen, bei Stationen mit besserer Bezahlung und größerem Respekt oder bei YouTube & Co. Leider ist dieser Respekt nach der Jahrtausendwende gewaltig geschrumpft, so wie die Playlisten und die Inhalte.

Mittlerweile dürfte auch der Letzte gemerkt haben, dass es sich um eine geschickte, jedoch schädliche, Marketingidee von Beratern gehandelt hat. Jeder, wirklich jeder Sender, der nach den dort propagierten Prämissen agiert hat, musste nach kurzfristigen Erfolgen mittelfristig massive Einbußen beklagen.

Warum ich das hier anbringe? Weil eine der Kernthesen war: Reduktion des Senders auf die Morningshow. Sollte heißen, wir brauchen auch nur *eine* echte Personality, und die reduzieren wir dann noch einmal. Mal ganz abgesehen von den oben erwähnten massiven Veränderungen im Wettbewerbsumfeld von Radiostationen, durch Webangebote wie Streamingdienste, Webradios, Podcasts, YouTube oder andere Videoplattformen etc. hat sich auch das Hörverhalten im Tagesverlauf geändert. Die *Drive Time* hat an Bedeutung gewonnen und die abfallende Hörerkurve nach der Morningshow hat sich deutlich verflacht und hält annähernd das Niveau der MoShow.

Allein dadurch ist der Bedarf an Personalities im Radio gewachsen. Mal abgesehen von der Tatsache, dass es eine Missachtung des Hörers darstellt, ihm die Ansprache und den Esprit eines guten Moderators nur am Morgen zuzubilligen. Auch der generelle Verzicht auf Specials oder Spartensendungen am Abend wäre kontraproduktiv; in der MA 2017/1 haben gerade diese Sendungen überdurchschnittliche Zuwächse von bis zu 450 % verzeichnet, während das Tagesprogramm oder Voicetracking-Schienen am Abend herbe Verluste hinnehmen mussten.

Ich will an dieser Stelle nicht verschweigen, dass auch ich noch Mitte der 2000er Personality-Shows am Abend aus dem Programm genommen habe. Zu meiner „Rechtfertigung“: Ich habe dazugelernt. Es war jedoch auch aus heutiger Sicht damals eine richtige Entscheidung. Das Wettbewerbsumfeld war noch anders und die Show hatte leider keine ausreichenden Quoten, um den Imageverlust im konservativen Werbekundenmarkt der Station auszugleichen.

Personality und Technik

Radio Wall of Sound – Slade

Eine Sendung reiten. Wie ein Moderator durch aktives Mixen/Fahren den Rhythmus und den Flow einer Show individualisiert und somit Personality schafft.

> „Im Radio gab es früher Sprecher, die wegen ihrer Persönlichkeit geliebt oder gehasst wurden – sie hatten ja auch genügend Spielraum – und es gab Discjockeys, die ihre Sendung im wahrsten Sinne des Wortes "ritten", weil es eine Vielzahl manueller Tätigkeiten gab, die koordiniert werden mussten. Das schaffte man nur, wenn man "den Groove" hatte. Heute "reiten" die Mods ihre Sendung nicht mehr, sondern sie stehen daneben. Und die Moral von der Geschicht? Nicht alles was machbar ist, ist letztlich auch gut."
> Holger Richter / Ex-GF & PD RTL Radio Deutschland

Was Holger Richter hier anspricht, ist ein wichtiger Aspekt, wenn es um die Facetten einer Radiopersonality geht. Er moniert die übermäßige Nutzung der Computertechnik im Selbstfahrerstudio.

Nicht das wir uns falsch verstehen: Keiner, ich schon gar nicht, will das Rad der Zeit zurückdrehen, zu *Cart Machines* und Tonbandgeräten. Jedoch macht die Art und Weise, wie Du als Moderator Deine Sendung fährst, einen großen Teil der Wahrnehmung durch den Hörer aus. Dies ist keine bewusste Wahrnehmung, dafür fehlt den meisten Hörern das Know-how.

Es geht um den Rhythmus, den eine Sendung hat. Dieser Rhythmus wird bestimmt durch die Art und Weise, wie ich zwei Musiktitel fahre, den *Segue*. Da gibt es Kollegen, die alles mit *Hot Start* fahren, andere machen fließende *Crossfades* und wieder andere nutzen lieber öfter ein *Transition Element* und so fort. Allein dadurch verändert sich das Hörbild Deiner Show.

Jetzt gibt es PDs, die genau das nicht wollen: „Mein Sender soll immer gleich, identifizierbar, für den Hörer klingen" ist deren Argumentation. Nachvollziehbar, jedoch anhand der bisherigen Erkenntnisse, die ich angeführt habe, nicht wünschenswert, wenn ich Personalities haben will.

Zudem kann ich als PD vorgeben, welche Grundregeln gelten sollen. So hat RTL 104.6 in Berlin die klare Prämisse: Wir fahren *HOT*. Das ist OK, dennoch wird jede Show anders fließen, wenn die Moderatoren nicht die von der Musikredaktion vorgegebenen *Cue*-Punkte im Automationsmodus nutzen, sondern *Live* fahren. Das produziert schon mal Fehler, auch das habe ich bereits angesprochen, Fehler sind Teil des Lebens. Wenn ich mir manche schrägen *Segues* in automatisierten Sendungen anhöre, wird mir schlecht. Denn, egal wie gut der Musikredakteur ist: Nicht jeder *Cue* passt für jeden Übergang.

Ein weiterer, für mich fast noch entscheidenderer Punkt gegen Automation während einer Liveshow ist: KONZENTRATION. Eine Sendung live zu fahren, oder wie Holger es bezeichnet, „zu reiten", heißt vier Stunden lang höchste Konzentration. Das ist echt anstrengend, da weiß ich, wovon ich schreibe. Dafür spricht jedoch: Nur so kannst Du die Spannung und den Spannungsbogen in Deiner Show aufrechterhalten. Und genau diese Spannung, dieses zusätzliche Adrenalin, das Dein Körper produziert, gibt Deiner Moderation die Energie, die Dich aus dem Radio ins Büro, Esszimmer, Auto Deines Hörers trägt. Genau diese Präsenz macht Dich zur *Personality*.

Zum Thema selbst und Live fahren gehört aus meiner Sicht auch, wie Du Deine Moderation im Verhältnis zu Musik und Produktionselementen einsetzt. Kürzlich habe ich ein hervorragendes Beispiel gehört, wie es richtig gemacht wird:

- Tatort: SWR3
- Täter: Zeus & Wirbitzky
- Tathergang: nach einem Beitrag zu einem ernsten tagesaktuellen Thema Abmoderation Wirbitzky, in Tonfall und Tempo seriös, neutral ohne ins kitschige abzugleiten, den folgenden Musiktitel zum Ende der Moderation nur kurz unterlegt und den *Ramp* ansonsten stehen lassen, weil er eine eigene sich steigernde Dynamik hatte. Übrigens war der Song nicht getragen oder Moll, sondern von der Stimmung her durchaus optimistisch.

Klingt jetzt sehr technisch, hat aber viel mit Gefühl bzw. Einfühlungsvermögen zu tun. Wir sollten als Moderatoren in der Lage sein, Stimmungen mitzunehmen, das heißt aber nicht, dass wir vor Trauer zerfließen, wenn dies nicht tatsächlich der Fall ist (was leider viel zu oft vorkommt).

Was außerdem beispielhaft ist an diesem Break: Die Musik wird nicht standardmäßig durch Nutzen des Intros bis zum Gesang oder einem Dynamikbreak verwendet, um das Programm zu beschleunigen, nein hier wird entschleunigt und die natürliche Dynamik des Song-Intros zum Aufbauen einer wieder positiveren Stimmung genutzt.

Daher an dieser Stelle noch einmal der Hinweis: Angegebene *Ramp*-Zeiten dürfen nicht als Verpflichtung und schon gar nicht als Rechtfertigung angesehen werden, diesen *Ramp* bis zur letzten Millisekunde vollzutexten. Jeder, der hinter einem Mikrofon steht oder sitzt, hat die Verpflichtung, sich bewusst zu machen, was der jeweiligen Stimmung, dem Momentum oder der Situation angemessen ist und für den Hörer nachvollziehbar und echt klingt.

Positionierung / Musikpositionierung

Pop im Radio – Michy Reinke

Ein wichtiges Thema. Auch wenn jeder, der seine Dienstleistung verkaufen will, uns regelmäßig erklärt: „Radio wird wegen der Musik gehört", ist diese Aussage nur bedingt richtig. Natürlich wird Radio wegen der Musik gehört, aber wie lange noch? Wer seine Umwelt mit offenen Augen und Ohren wahrnimmt, der hört und sieht, dass *Musik*nutzung sich immer stärker von der *Radio*nutzung abkoppelt. Hier haben uns YouTube, Spotify und Co. längst den Rang abgelaufen, zumindest in der für unsere Zukunft so wichtigen Zielgruppe der unter 25jährigen. Dazu ein paar Zitate aus dem Panel:

Die neue Spießigkeit in den Medien auf den Lokalrundfunktagen Nürnberg 2017

Markus Langemann, Moderator und Medienunternehmer

> „Ich hab ne Tochter die hat gerade Abitur gemacht, die hab ich heute Morgen gefragt: ‚Du, sag mal, hörst Du eigentlich Radio?' ‚Nö wieso?' WhatsApp-Antworten ihrer Freunde auf die gleiche Frage: ‚Ja täglich etwa zwei Minuten während ich in der Küche bin, weil meine Eltern hören.' – ‚Bla bla bla Stau hier schönes Wetter zum Baden, ich hör kein Radio, weil's richtig Scheiße ist'"

Karl Luck, Pressesprecher Diözese Bamberg / Ex Moderator

> „Ich hab ne 16-jährige Tochter, die zeigt mir nen Vogel (wenn's um Radio geht), sie sagt: ‚Ich will doch nicht hören, was andere mir vorspielen und dann auch noch immer in der gleichen Schleife immer die gleichen Lieder, ich will doch das hören, was ich selber will.'"

Bitter, auch wenn jetzt wieder die Einwände kommen, das sei nicht repräsentativ, das seien Einzelmeinungen. Na, dann schaut doch einfach mal in Eure Umwelt. Ich bin häufig mit öffentlichen Verkehrsmitteln unterwegs, da ist jeder Zweite, wenn's reicht, mit seinem Smartphone zugange, Stöpsel im Ohr und dabei über WhatsApp oder FB oder whatever texten. Das ist die Realität.

Warum? Weil Radio schon lange seine Bedeutung als Musik- und Musikinformations-Medium verloren hat. Ein unter 30jähriger, ja selbst ich mit über 50, will nicht hören, mit welcher Musik er in der nächsten halben Stunde zwangsbeschallt wird.

Was soll also diese Form des Musikteasings? Entweder bringe ich meinen Hörer auf die Idee, sofort auf seinen Streaming-Anbieter zu wechseln und den Song nicht erst in 10, 20 oder 30 Minuten zu hören, sondern JETZT. Oder möglicherweise findet er mein Angebot eher mittelmäßig und sagt sich, da ist meine Spotify-Playlist deutlich besser.

Wo ist der Nutzen für meinen Sender? Wo? Bei den älteren Hörern? Bullshit, bei denen ist der Regler zur Frequenzsuche meist eh schon so festgerostet, dass er sich nicht mehr bewegen lässt. Da können die Damen und Herren aus der Research-Abteilung gerne mal in ihren eigenen Ergebnissen forschen: Je älter, desto weniger unterschiedliche Sender werden konsumiert. Ist auch irgendwie normal, mit dem Alter wird der Mensch konservativer.

> „Ewig bleiben treu die Alten"
> Joseph von Eichendorff

Musik ist dennoch ein wichtiger Bestandteil unseres Programms. Wie also positioniere ich meine Musik, meinen Sender und meine Persönlichkeit beim Hörer?

Indem ich Musik wieder *verkaufe*! Das ist ganz einfach:

- Beschäftige Dich mit Deiner Playlist und informiere Dich über die Musik/die Musiker, die Du spielst.
- Nutze – wenn möglich – persönliche Erfahrungen und Erlebnisse im Kontext mit der Musik, die Du spielst. Dazu musst Du aber Musik auch *erleben*: auf Konzerten, im Kino, im TV, auf YouTube.
- Nutze die Gelegenheit zum Gespräch mit Musikern, wenn sie sich Dir bietet.
- Speichere Situationen ab, in denen Musik Dein Leben beeinflusst hat; selbst kleine Erlebnisse sind es wert, geteilt zu werden. Aber erfinde bloß keine Story, weil Du jetzt was „Persönliches" sagen willst. Schon gar nicht wieder mal eine Befindlichkeitsmoderation, à la

„der richtige Soundtrack zum Gurkenzüchten oder Goldfischfüttern".

Eines der ersten Dinge, die ich als Moderator gelernt habe: Eine Moderation soll *relevant* sein. Sie soll mir eine Information liefern, die mir nützt, die exklusiv ist oder unterhaltsam. Sie soll mich eventuell emotional berühren oder mir einen Wissensvorsprung vermitteln. Sie soll sich nicht anbiedern oder platte Allgemeinplätze wiedergeben. Das gilt auch und besonders für Musikpositionierungen:

- Sage, was *Du* fühlst – nicht wie *Dein Hörer* sich fühlen sollte.
- Sprich über persönliche Bezüge oder Aspekte zum Song/Musiker.
- Lass den Hörer an Erinnerungen teilhaben oder erzähle ihm etwas Spannendes zum Titel oder Interpreten, das er noch nicht weiß. Damit weckst Du Interesse.
- Gerne auch mit Meinung: Du kannst ihm sagen, dass UND warum Dir ein Song besonders gefällt. Wenn er Dir nicht gefällt: Schweige, denn nicht *Du* hast die Musikliste gemacht – *Dein Musikredakteur* hat sich hoffentlich etwas dabei gedacht.

Wie auch immer Du damit umgehst, Du hast Möglichkeiten, die Musik mit persönlichen Bezügen emotional aufzuladen. Diese Form von emotionaler Bindung wird *„Alexa"* nie in dieser Form schaffen. Dein persönliches Erleben von Musik ist Künstlicher Intelligenz (KI) nicht oder vielleicht noch nicht gegeben. Möglicherweise werden mir KI-Programmierer widersprechen, aber ich gehe davon aus, dass in absehbarer Zeit kein Rechner einen Konzertbesuch oder ein Interview/Gespräch mit einem Musiker oder die Emotionen, die ein Musikstück aufgrund individueller Erinnerungen weckt, nachvollziehen, geschweige denn reproduzieren kann. Wir werden sehen.

Positionierung ist wichtig, jedoch kann sie nur funktionieren, wenn Du Deinen Hörer damit erreichst, was früher über maximale Wiederholung versucht wurde. Davon würde ich aber heute abraten, weil das, neben der Werbung, der Hauptgrund ist, weg- oder abzuschalten. Also sollte die Positionierung so gewählt sein, dass sie für den Hörer relevant ist, „Mehr Hits pro Stunde" ist irrelevant. Eine lokale, regionale Positionierung ist schon eher geeignet, im weltweiten Wettbewerb um die Hörergunst im *relevant Set* weiter oben zu landen.

Die Beste aller Positionierungen bleibt jedoch Dein Auftritt. Je mehr Eindruck Du bei Deinem Hörer hinterlässt, desto eher wird er geneigt sein, Dir immer wieder zuzuhören.

Das Negativbeispiel höre ich derzeit bei einer neu etablierten Morningshow, die mich nach drei Tagen als Hörer verloren hat, weil ich jeden Morgen um 7:45 Uhr den Kindersong des Tages höre. Nichts gegen die Idee, aber erstens bin ich keine fünf Jahre alt, zweitens keine Latte-Mama und drittens würde ich es einmal pro Woche hinnehmen, aber jeden Tag damit genervt zu werden ist ein Abschaltfaktor.

Dies gilt ebenso für Comedy, die mir gefallen kann oder nicht, aber warum muss ich sie jeden Tag zur selben Uhrzeit hören? Was macht es da spannend, live Radio zu hören? Wenn mir das *Comedy Bit* gefällt, abonniere ich den entsprechenden Podcast und höre ihn, wenn ich einen Stimmungsaufheller brauche.

Dies ist eines der unlogischen Argumente von Beratungsfirmen. Zum einen ist Radio (leider) kein Einschaltmedium mehr, das gezielt gehört wird, zum anderen schafft man Einschaltimpulse über fixe Elemente in der Show, die jedoch eine zweischneidige Wirkung entfalten, siehe oben. Wie hätten wir's denn gern, Herrschaften?

Ein sehr gutes Beispiel, wie dieser Versuch der Positionierung nach hinten losgeht (zumindest bei mir), sind meine beiden Lieblingsmods Zeus & Wirbitzky. Die haben in Ihrer Show den nervigen und pöbelnden Anrufer *„Herrn Gedöns aus Bonn-Pöppelsdorf"*. Dieser „Herr Gedöns" hat bis vor einiger Zeit unvermittelt und ohne Vorwarnung im Studio angerufen, Sascha Zeus übelst beschimpft und sich zu aktuellen Themen oder einfach zu Promotions oder zur Musik ausgelassen. Dieses Element der Morningshow kam, nur „angekündigt" durch ein Telefonklingeln, unverhofft auf den Hörer zu. Ich bin sicher, eine ganze Zeitlang gab es zahlreiche Hörer, die ihn für eine reale Person hielten. Das war überraschend, das war frisch, das war unterhaltsam.

Jetzt wird Herr Gedöns angekündigt, geteased, ja super. Also, zum einen nimmt man der Figur durch die Tatsache, dass es nicht mehr „spontan" klingt, einen Großteil ihrer Wirkung, zum anderen schafft man unnötigen Frust, weil der Hörer möglicherweise nicht bis 06:20 Uhr warten kann, damit er ihn hört. Ja ich habe Herrn Gedöns früher auch verpasst, weil ich gerade dann nicht zugehört habe – aber ich habe (in der Hoffnung, er könne kommen) länger gehört, als ich wollte.

Wenn ich dann im *Backselling* die Pointe oder Auszüge gehört habe, wurde mein Bedürfnis, ihn beim nächsten Mal nicht zu verpassen, größer.

Jetzt bin ich genervt, weil Herr Gedöns mit Ansage kommt, und ich nehme mir nicht mehr die Zeit dranzubleiben, ja ich höre es mir nicht einmal als Podcast an, weil die „Spontaneität", die er mir vermittelt hat, weg ist und damit ein Großteil der Faszination.

Promotions & Personality & Musik

Hello (Turn your Radio on) – Shakespears Sister

„Die MA-Promotions haben nicht gegriffen." Eine häufige Rechtfertigung von PDs und Beratern, wenn die Zahlen bei der MA nach unten gegangen sind.

Wenn man mal davon absieht, dass jede, aber auch jede wissenschaftliche Untersuchung klarmacht, dass Promotions (damit meine ich meist auf ausgelutschten Gewinnspielen basierende US-Promoideen) KEINE Einschaltfaktoren sind und schon gar nicht zu dauerhafter Hörerbindung führen, verwundert diese Aussage schon sehr. Sicher kann ich *Talk of the Town* kreieren: Etwa mit einem *blind wedding* oder mit Aktionen wie „Kaputt oder Neu" (was heißt: Ihr schmeißt Euren alten Fernseher aus dem Fenster und bekommt dann vielleicht einen neuen) oder „Wir zahlen Dir einen neuen Busen". Die Fragen, die ich mir als PD stellen sollte, sind jedoch:

- Wie nachhaltig wirkt diese Aufmerksamkeit und erreiche ich damit *die* Hörer, die ich auf Dauer als Stammhörer gewinnen will/kann?
- Welches Image vermittle ich meinen jetzigen Stammhörern und – noch viel wichtiger – den Werbekunden?

Was nützt mir ein Einschaltimpuls um 07:12 Uhr, wenn der Hörer dann um 07:15 wieder wegschaltet, weil ihm der Rest des Programms nicht gefällt, oder weil der Gewinn-Hopper beim nächsten Gewinnspiel bei meinem Mitbewerber(!) mitmachen will? Welche Stärke meines Senders positioniere ich mit der Promotion, um diese ins Bewusstsein jetziger und neuer Hörer zu transportieren? Eine kurzfristige Reichweitensteigerung für die erste Quarterhour nach 07:00 Uhr sieht zwar gut aus, rettet aber meinen Kopf als PD nicht wirklich, wenn der Rest des Programms reichweitentechnisch abschmiert.

Warum also hören und planen wir ständig diese Form von Promotions?

Weil der Mut fehlt! Eine kühne Behauptung? Dann will ich das mal erläutern.

Die Hauptprämisse von Beratungsfirmen, Geschäftsführern und Programmchefs ist, den eigenen Job bzw. den Vertrag zu sichern.

> „Berater holt man gerne, um seinen eigenen Hintern aus der Schusslinie zu bringen, wenn was in die Hose geht bei der nächsten MA. Im Grunde hat jeder Angst, was falsch zu machen, weil es den Job kosten könnte."
> Holger Richter / Ex-GF & PD RTL Radio Luxemburg

Eine verständliche, aber leider auch gefährliche Einstellung. Aus dieser Einstellung heraus greifen die Verantwortlichen dann eben gerne mal auf Promotions zurück, die sich schon in anderen Märkten bewährt haben. Nach dem Motto „besser gut geklaut als schlecht selbst gemacht" ist das eine Aussage, der ich prinzipiell zustimme. Was jedoch entweder vergessen oder unterschlagen wird: Eine Promo, die im mittleren Westen der USA erfolgreich ist, muss hier nicht funktionieren.

Was ebenfalls nicht ins Kalkül gezogen wird: Eine aufmerksamkeitsstarke Promo-Aktion kann mir auf die Füße fallen, wenn sie nicht das Image meines Senders beim Hörer UND bei den Werbekunden stärkt. Und so stimmt der berühmt-berüchtigte Satz „any promotion is good promotion" beileibe nicht immer. Zu guter Letzt kann sich nicht jeder Sender mangels Budget teure Geld- oder Sachpreise und häufig nicht einmal aufwendige begleitende Werbemassnahmen leisten.

Wie also diesem Dilemma entkommen? Hier darf ich noch einmal daran erinnern, dass wir ja selbst in einem öffentlichkeitswirksamen Werbemedium arbeiten. Wir haben eine großartige Waffe, um Aufmerksamkeit zu erzeugen – Radio.

Jetzt gilt es nur noch, dieses Schwert, lassen Sie mich einmal bei diesem Bild bleiben, zu schärfen und diejenigen, die es führen, in den richtigen Techniken unterweisen, es erfolgreich zu führen. Im Folgenden werde ich an einem Beispiel aus meiner Arbeit darlegen, wie dies funktioniert und warum.

Ich war um 2006 herum bei einer Lokalradiostation in einem Markt mit ca. 500.000 Einwohnern als Morningshow-Coach engagiert. Der Sender bekam das Angebot, eine Promotion Tour der damals weitestgehend unbekannten Country Rockband „The BossHoss" zu unterstützen.

Der Deal war: Die Band tritt unter unserer Marke auf und spielt ohne Gage, und wir bewerben im Gegenzug diesen Auftritt. Das Ganze wurde dadurch abgerundet, dass die Daimler AG der Band einen Truck mit einer mobilen Bühne gesponsert hat. Außer unserem Sender waren noch fünf oder sechs Sender in deutlich größeren Märkten, wie München oder Hamburg, in diese Aktion eingestiegen.

Jetzt war die Frage: Wie können wir dieses Event, denn das war meine Zielrichtung, optimal im Sinne des Senders und der Morningshow nutzen?

Die beiden jungen Moderatoren waren neu in ihrer Funktion als *Morning Anchors* und mir bot sich hier die Möglichkeit, sie bekannter zu machen, ihnen Selbstbewusstsein zu vermitteln und sie in Ihrer Entwicklung hin zu On-Air-Personalities voranzubringen.

Für den Sender bot sich die Möglichkeit, sich deutlich gegenüber dem lokalen Marktführer zu positionieren und *Talk of the Town* zu erzeugen.

Soweit der Plan. In Absprache mit den Programmverantwortlichen haben wir als Morningshow-Team die Promotion geplant und weitestgehend umgesetzt. Uns standen zur Verfügung: NULL Euro Werbebudget, keine Aussicht auf Sponsoren – und jede Menge Enthusiasmus und Kreativität. Den Inhalt und Ablauf der Promoaktion hier zu schildern würde den Rahmen sprengen, daher beschränke ich mich auf die wichtigsten Fakten.

- **Das Problem:** Wie nutze ich den Auftritt einer Band, von der die meisten meiner Hörer nicht wissen, dass es sie gibt?
- **Die Idee:** Wir machen diese Band zu Stars! Genau, wir nutzen unsere Macht als Radio mit Musikkompetenz, um unserem Hörer klar zu machen, dass er diese Band auf keinen Fall verpassen darf, weil er das sonst für den Rest seines Lebens bereut.
- **Die Umsetzung:** Die Programmleitung und die Marketingabteilung sorgen für eine passende Location und kümmern sich um die rechtliche Abwicklung des Liveauftritts.
  Wir, das Morningshow-Team (ein Producer, zwei Moderatoren und ich) schreiben und produzieren Promoelemente mit dem von uns gewünschten Impact, diese werden im Programm massiv platziert, mit Steigerung zum Event hin.

Wir entwickeln ein *„wording“*, das dem Auftritt und der Persönlichkeit der beiden Hosts entspricht. Dies wird unter Berücksichtigung der individuellen Auftritte von den anderen Hosts soweit wie möglich übernommen, nicht kopiert.
Wir spielen jenseits von Formatregeln so viel wie möglich von der Band im Programm und verkaufen die Songs unserem Hörer emotional und aufrichtig. Der Schlachtruf *„Yeehaw!“*, im Kontext mit der Präsentation von beiden Hosts genutzt, wurde binnen kürzester Zeit zum stehenden Begriff und zum Markenzeichen der Band im Sendegebiet.

- **Das Ergebnis:** Mehr als FÜNFTAUSEND Hörer kamen zum Liveauftritt von The BossHoss!
  Die Lokalzeitung, (Hauptgesellschafter unseres Mitbewerbers, mit strikter Auflage, nicht über unsere Aktionen zu berichten), kam nicht umhin, am nächsten Tag ausführlich und mit Fotos über den Auftritt und die Aktion zu schreiben.
- Meine beiden Jungmoderatoren sind um mindestens 50 cm gewachsen angesichts des für sie unerwartet großen Response, sie haben ihre Bekanntheit enorm gesteigert (nächste FAB 30 % Zuwachs in der MoShow), und es war nicht leicht, sie wieder auf den Boden zu bekommen, so voller Adrenalin haben die in der Folgezeit moderiert.
- Unsere Verkäufer haben nach dem Event offene Türen bei den Werbekunden eingerannt, weil Radio unübersehbar funktioniert.
- Wir haben unsere Musikkompetenz bei den Hörern deutlich verbessert und wir machen Stars, was sich dann ja auch bundesweit bestätigt hat.
- Die Stadt hat uns Vorwürfe gemacht, weil das von ihr geplante Sicherheitskonzept angesichts der Zuschauermasse völlig obsolet war.
- Programmleitung und Geschäftsführung haben sich auf die Schulter geklopft, was sie doch für ein tolles Programm haben.
- Das Management und die Band waren happy und dankbar. (Bei keinem der anderen Auftritte waren mehr als ein paar Hundert Zuschauer vor Ort.) Anmerkung von Djamil Deininger: „Die Band hat mich noch Jahre später bei FFH und bei einem Pressetermin in München darauf angesprochen, wie fett der Auftritt und die Promotion waren.“ Zu dem Zeitpunkt waren sie schon richtige Stars.

Fazit

Es ist uns trotz eines Nullbudgets, ohne externe Unterstützung bzw. Werbemassnahmen und mit einer unerfahrenen, aber motivierten Crew gelungen, eine Musikpromotion umzusetzen, die in dieser Form einzigartig war. Wir haben sowohl das Image der Station als auch das der Morgensendung und ihrer Moderatoren nach vorn katapultiert. Und, nicht ganz unwichtig, die Erlössituation des Senders zumindest zeitweise verbessert.

Bevor jetzt der Einwand „ja, einmal funktioniert sowas vielleicht, das ist auch Glück“ kommt: Ich habe ähnliche Promotions mit Bands wie Silbermond, Revolverheld, US5, Emiliana Torrini, bevor sie in den Charts waren, sowie mit etlichen unbekannten Künstlern bei verschiedenen Sendern erfolgreich umgesetzt. Wie relevant diese Auftritte für die Künstler waren, hat sich unter anderem in den exorbitant erhöhten Verkaufszahlen in der Region nach unseren Promotions gezeigt.

Dazu braucht es den Mut, ausgetretene Pfade zu verlassen, Musik zu präsentieren, bevor sie Ihren Charts-Test bestanden hat, und eine Programm- Geschäftsleitung, die Dir den Rücken stärkt. Oder, kurz gesagt, *Cojones*!

Es funktioniert übrigens nicht nur mit Musikpromotions. So hat KISS 98.8 in Berlin im Herbst 2017 eine Promotion gefahren, deren Ziel ein Weltrekord war: Sie haben den größten Döner der Welt gebaut.

Jetzt wird so mancher PD in Niederbayern sich fragen: „Was soll das?“ – durchaus zu Recht, so etwas wäre in seinem Sendegebiet völlig daneben. Aber in Berlin, der Hauptstadt des Döners, für eine Lifestylegruppe, die ihre Ernährung auf der Basis von Döner gestaltet und mit dem *Urban Street Credibility*-Senderimage, da passt so eine Aktion wie die Faust auf Auge.

Am Ende ist eine gemeinsame Herausforderung gemeistert, was die Marke stärkt, die Hörer fühlen sich ja zugehörig. Es gibt ein gemeinsames Erlebnis, nachdem das Werk, der Döner, vollendet ist, indem sich alle an dem gelungenen Gourmeterzeugnis gütlich tun. Kurzum: Eine gelungene Promotion, die nicht viel Geld, sondern entsprechende Kreativität und den Mut, ausgetretene Pfade zu verlassen, erfordert.

Mir ist bewusst, dass es ähnliche Promotions auch schon in Australien, den USA etc. gegeben hat. Der Anspruch ist ja auch nicht, alles neu zu erfinden, sondern neu zu denken und den optimalen Weg zu gehen, um solche Ideen für die Hörerklientel meines Senders zu adaptieren.

Leider höre ich immer noch auf fast allen Stationen lieblos oder überdreht präsentierte Promotions, bei denen selbst der talentierte Hans Blomberg nicht wirklich Interesse für seinen Hörer zeigt, sondern nur das vorgegebene Muster (zwar gut, aber dennoch) abspult.

Radio macht Spaß und informiert...wirklich?

H.A.P.P.Y. Radio – Edwin Starr

Dies ist eine sehr bedeutsame Frage, wenn es um die Zukunft unseres Mediums geht. Zur Veranschaulichung eine Grafik des BR zur Mediennutzung von jugendlichen Konsumenten:

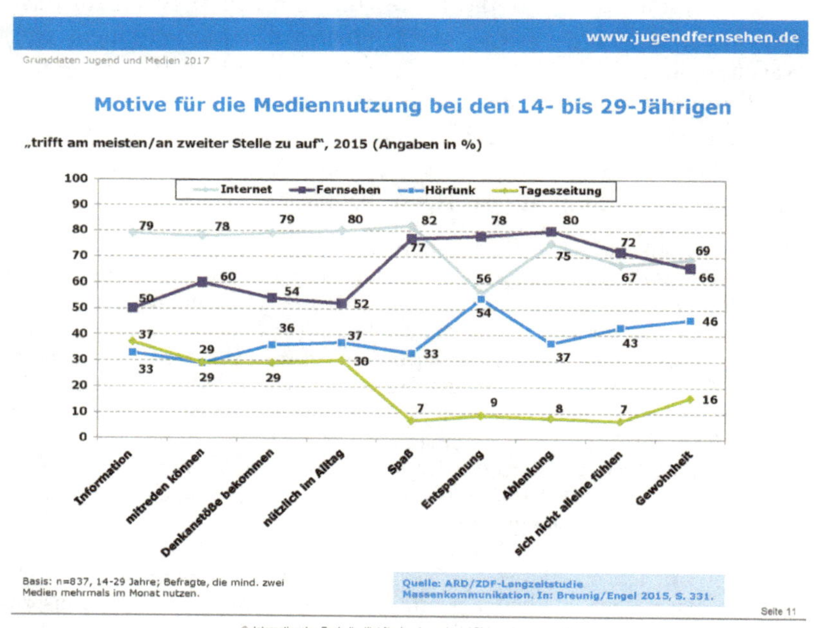

Als ich diese Grafik erstmals gesehen habe, sind mir zwei Dinge ins Auge gestochen:

– „Information" und „Mitreden können" sowie „Spaß" liegen ganz hinten in der Motivation, Radio zu hören.

- Nur wenn es um „Entspannung" geht, liegt Radio nahezu gleichauf mit dem Internet. Das ist für Internet der Tiefst- und für Radio der Höchstwert der Nutzungsmotive.

Nun lassen sich daraus sicher unterschiedliche Schlussfolgerungen ziehen. Meine lauten wie folgt:

- Radio kann nur noch dann mit dem Internet auf Augenhöhe agieren, wenn es als Beschallung ohne Relevanz genutzt wird.
- Radio macht keinen Spaß und ist zur Informationsgewinnung kaum geeignet.

Beide Aussagen liefern, zumindest aus meiner Sicht, keine sonderlich rosigen Zukunftsaussichten, diese Hörer, wenn sie erwachsen sind, als Radionutzer zu binden.

Dabei besteht doch Radio heute zum Großteil aus Comedy, fast ausschließlich vorproduziert, und „nützlichen" Informationen. (???) Warum kommt dieser „Spaßfaktor" bei den jungen Hörern nicht an?

Zumindest scheinen sie keinen Spaß daran zu finden. An dieser Stelle möchte ich noch einmal auf die Studie von Resi Heitwerth zurückgreifen. Da geht es um die Wirkung von Moderation beim Hörer und deren Auswirkung auf das Hörverhalten:

> „Nach Schröter wird ein Moderator dann zu einem Lieblingsmoderator, wenn es ihm gelingt, neben der Befriedigung funktionaler Elemente den Hörer auch menschlich anzusprechen. Für die Hörerbindung ist letztlich die emotionale Ausstrahlung des Moderators entscheidend. Ist ein Moderator zum Lieblingsmoderator geworden, hat das auch Auswirkungen auf das Radionutzungsverhalten der Hörer. Selbst unliebsame Programmelemente wie z.B. die Werbung veranlassen nicht zum Umschalten. Hörer, die über das Gefühl gebunden sind, sehen großzügig über die Werbung hinweg und werden auch bei der Beurteilung des Programms insgesamt unkritischer. Das Programm wird nicht nur insgesamt besser beurteilt, sondern auch häufiger genutzt.
> Anm.: In verschiedenen Studien kommen Forscher zu dem einheitlichen Ergebnis, dass das Potential der Moderation im emotionalen Bereich, beim Aufbau einer Beziehung zum Publikum sowie bei der Höreransprache erheblich ausgebaut werden könnte. Die Moderatoren nehmen deutlich öfter auf das Programm als auf die Hörer Bezug." (Heitwerth, 2001)

Diese Erkenntnisse legen folgenden Schluss nahe: Direkte Ansprache des Hörers und die moderative Einbindung von Information und Comedy sind deutlich probatere Mittel, Hörer an das Programm zu binden, als „Der kleine Nils" oder ähnliche angekaufte Comedy-Formate. Emotion entsteht aus der Bindung zwischen Moderator und Hörer, wenn sie durch den Moderator (authentisch) geweckt wird.

Ein wichtiges, nicht zu unterschätzendes Element von Spaß liegt im Miteinander. Hier liefern uns die Social-Media-Kanäle echte Möglichkeiten zur Partizipation, an die wir vor 10 oder 15 Jahren noch nicht einmal denken konnten. Insofern ist es wichtig, alle Kanäle, die uns zur Verfügung stehen auch professionell zu bespielen. Egal ob das Video bei YouTube und oder Instagram, der Twitter-Kanal oder der Facebook-Account, alles muss diesen Spaßfaktor unterstützen.

Das fordert die Protagonisten, sprich Moderatoren, und die Verantwortlichen deutlich mehr als je zuvor; daher ist es unabdinglich, auch den Verdienst anzupassen, um wettbewerbsfähig zu bleiben. Wenn unsere Radio-Entertainer bei YouTube oder im TV leichter und mehr Geld verdienen, wird es schwierig werden, die nötigen Talente ans Medium zu binden bzw. sie überhaupt erst dafür zu gewinnen. Sonst werden wir am Ende zu Promo-Plattformen für Köche und gescheiterte Soapstars verkommen, aber dann haben wir es auch nicht besser verdient.

Epilog

Nachdem dieses Buch gut einen Monat bei den Lektoren verbracht hat (vielen Dank an Kathi Sciuk und Wolfgang Wichmann), hat sich schon wieder so viel bewegt, dass einige Inhalte von den aktuellen Entwicklungen überholt wurden. Aber genau darum geht es bei meiner Betrachtung von Radio im 21. Jahrhundert: Die Entwicklungen gehen rasant vonstatten und wir sind gefordert, Schritt zu halten, oder zumindest uns ebenfalls zu verändern und dieser Entwicklung Rechnung zu tragen. Die Zeit, in der dieses Buch entstand, war aufregend und voller neuer Erkenntnisse und vertrauter Tatsachen. Heute habe ich eine Meldung gelesen, dass die Abrufe von Podcasts bei Apple in einem Jahr von 13,7 Mrd. auf über 50 Mrd. gestiegen sind; sowas nenne ich Steigerungsraten. Deswegen meine inständige Bitte an alle, denen Radio am Herzen liegt: Wacht auf. Das digitale Zeitalter ist da, in dem uns „dieses Internet" neben unbestreitbaren Risiken und Bedrohungen auch großartige Möglichkeiten bietet, die wir als kreative Medienmacher angehen wollen. Radio ist selbst in Zeiten immer viraler werdender Mediennutzung ein Medium, das nicht nur eine Berechtigung hat, sondern sogar eine Bereicherung für den Nutzer/Hörer darstellt. Wenn wir es schaffen, ihm über persönliche Ansprache und Kommunikation einen Anreiz zu liefern, wieder zuzuhören. Wenn wir als Orientierungshilfe in einer immer komplexeren Welt als ein Anker und eine Deutungshilfe bei der Bewältigung der enormen Informationsflut helfen, den Durchblick zu bewahren. Dazu ist es unumgänglich, unser Angebot für den Radiohörer attraktiver zu gestalten und ihn von den Vorzügen einer sinnvoll aufbereiteten digitalen Informationswelt zu überzeugen.

Literaturverzeichnis

ARD. (08. November 2017). Mediathek. Abgerufen am 08. November 2017 von https://www.ardmediathek.de/radio

Bakenus, N. (1996). *Das Lokal Radio.* Konstanz: UVK.

Bauer, H. /. (2002). *Das Moderationshandbuch.* Tübingen: Franke.

Begin, G. (2015). *Radio Programming and Branding.* Library Tales Publishing.

Birbaumer, N. (2014). *Dein Gehirn weiß mehr, als du denkst.* Berlin: Ullstein.

Branson, R. (2013). *Like A Virgin.* books4success.

Brittain, R. (2009). *How To Find, Hire And Train A Morning Show Producer.* Los Angeles: Dan O'Day.

Brynjojfsson, E. /. (2014). *The Second Machine Age: Wie die nächste digitale Revolution unser aller Leben verändern wird.* Plassen VErlag.

CzYgan, M. (2003). *Wettbewerb im Hörfunk in Deutschland.* Baden Baden: Nomos.

Dehaene, S. (2014). *Denken: Wie das Gehirn Bewusstsein schafft.* Knaus.

Dietrich, N. (2011). Spott für Teenie-Song „Friday". (28. März).

Gegenfurtner, K. (2005). *Gehirn & Wahrnehmung.* Fischer Taschenbuch.

Goldmedia. (2017). *AUSGESTALTUNG DER LOKALEN HÖRFUNKLANDSCHAFT IN BADEN-WÜRTTEMBERG 2025.* Stuttgart: LfK Baden-Württemberg. Abgerufen am 21. 11 2017 von https://www.lfk.de/fileadmin/media/pdf/Goldmedia-Gutachten-Ausgestaltung_2025.pdf

Goldmedia GmbH. (2017). Webradiomonitor 2017. *Webradiomonitor 2017.* (V. B. BLM, Hrsg.) Berlin. Von http://www.webradiomonitor abgerufen

Haas/Frigge/Zimmermann. (1991). *Radiomanagement.* München: Ölschläger.

Heitwerth, R. (2001). *Magisterarbeit Moderation im Hörfunk.* Köln.

Hrsg., L. (2011). *Wie kommt man denn ins Radio...?* Düsseldorf: LfM.

Hurrelmann, K. (2014). *Die heimlichen Revolutionäre: Wie die Generation Y unsere Welt verändert.* Beltz.

Kasper, W. A. (2009). *QuerDenken.* Kirchzarten: VAK.

Koidl, R. M. (1999). *Radio Business.* Wiesbaden: Gabler.

Kotler, P. (2002). *Marketing der Zukunft.* Frankfurt/Main: Campus.

Kratky, R. (2017). https://www.facebook.com/Lokalrundfunktage/videos/1574446495901958/. Nürnberg Messe: afk.

Krause, D. G. (2002). *Die Kunst des Krieges für Führungskräfte (nach Sun Tzu).* München: VMI.

Kroker, H. (04. März 2017). Abschied vom guten alten UKW. *Welt.* Von https://www.welt.de/print/die_welt/wissen/article162576384/ abgerufen

LfK Baden-Württemberg. (20. 10 2017). *lfk.de.* Abgerufen am 20. 10 2017 von https://www.lfk.de/uploads/media/PM_25_5G-Zukunft_des_Radio.pdf

Lloyd, D. (2015). How to make great radio. In D. Lloyd, *How to make great radio.* London: Biteback Publishing Ltd.

Lynen, P. (2006). *Das wundervolle Radiobuch.* München: Fischer.

Machern, B. /. (2006). *Hörfunk in Deutschland.* Berlin: Vistas.

Maik Wildemann & Sebastian Schöne 2.0Promotion GbR. (22. 11 2017). *5g-anbieter.info.* Abgerufen am 20. 11 2017 von http://www.5g-anbieter.info/5g-anwendungen.html

Meyer, J.-U. (2007). *Radio Strategie.* Konstanz: UVK.

Michaels, R. (2005). *Positioning Your Radio Station.* Los Angeles: Dan O'Day.

Moyles, C. (2006). *The Gospel according to Chris Moyles.* GB: Ebury Press.

Nürnberg, N. /. (2010). *Twitter und Journalismus.* Düsseldorf: LfM.

O'Day, D. (2004). *101 Ways Make Your Radio Station Invincible.* Los Angeles: Dan O'Day.

O'Day, D. (2007). *Personality Radio.* Los Angeles: Dan O'Day.

O'Day, D. (2007). *Personality Radio Vol.2 - The Dangerous Air Personality.* Los Angeles: Dan O'Day.

Pürer, H. (1991). *Praktischer Journalismus.* Konstanz: UVK.

radioszene.de. (16. Oktober 2017). Abgerufen am 26. Oktober 2017 von http://www.radioszene.de/114206/radio-in-zukunft-medientage-muenchen.html

radioszene.de Köring, Uli JB. (Juni 2017). *www.radioszene.de.* Abgerufen am 17. Juni 2017 von Radioszene: http://www.radioszene.de

Raff, M. /. (2007). *Praxiswissen Radio.* Wiesbaden: VS.

Ries, A. /. (1993). *Die 22 unumstößlichen Gebote im Marketing.* Düsseldorf: ECON.

Riess, A. /. (2001). *Positioning.* NYC: McGraw-Hill.

Rossie, M. (2002). *Sprechertraining.* München: List.

Schirrmacher, F. H. (2013). *Denken 3.0 Von der künstlichen Intelligenz zum digitalen Denken.* Frankfurt/Main: F.A.Z.

Schmich, M. (03. 10 2017). *Interview Fritz Egner.* (radioszene.de, Herausgeber) Von http://www.radioszene.de/113701/fritz-egner.html abgerufen

Schramm, H. (2008). *Musik im Radio.* Wiesbaden: VS.

Schwiesau, H. /. (1996). *Radio-Nachrichten.* München: List.

Shannon, S. (2007). *Living Your Dreams / Programming To Win.* Los Angeles: Dan'ODay.

Sobbe, G. (2016). *Jahresstatistik Musikcharts Deutschland.* Jahrestatistik Musikcharts Deutschland, BVMI Deutschland. Von http://www.musikindustrie.de/repertoire-charts/ abgerufen

Statistisches Bundesamt, Ecke, O. (2016). (kein Datum). Abgerufen am 17. 05 2017 von https://www.destatis.de/DE/ZahlenFakten/GesellschaftStaat/Einkommen KonsumLebensbedingungen/AusstattungGebrauchsguetern/Tabellen/Infotechnik_D.html

Stern, H. (1997). *Private Parts.* München: Goldmann.

Wachtel, S. (1997). *Schreiben fürs Hören.* Konstanz: UVK.

Winter, K. /. (2000). *Grundlagen des Medienmanagements.* München : Fink.

Wolling, V. /. (2004). *Radioqualität.* München: Kopaed.

www.radioszene.de. (13. 07 2017). Abgerufen am 2017 von http://www.radioszene.de/108378/kronehit-smart-app.html

Zeibig, D. (2017). *www.spektrum.de.* Abgerufen am 26. Oktober 2017 von http://www.spektrum.de/news/wir-koennen-die-emotionen-anderer-besser-hoeren-als sehen/

Zimmer, H. /. (1991). *Radio-Management.* Konstanz: UVK.

Zirbik, S. /. (1996). *Die Radio Station.* Konstanz: UVK.

Radiosongs

Radio GAGA – Queen
Pilot of the Airwaves – Charlie Dore
Turn up the Radio – Autograph
H.A.P.P.Y. Radio – Edwin Starr
Mr. Radio – ELO
Listen to the Radio – Kathy Mattea oder Don Williams
Pop im Radio – Michy Reinke
The Spirit of the Radio – Rush
Video killed the Radio Star – Buggles
Radio Star – Scycs
Radio – The Corrs
On the Radio – Donna Summer
I Wui Radio hör'n – Relax
Hello (Turn your Radio on) – Shakespears Sister
Radio Wall of Sound – Slade
Something's wrong with my Radio – Stray Cats
Heard it on the Radio – Tony Carey
Radiomann – Strandjungs
Radio brennt – Die Ärzte
Radio Nowhere – Bruce Springsteen
She Loves the Radio – Billy Wray
On the Radio (remember the days) – Nelly Furtado
Radio – Robbie Williams
Blah Blah Blah on The Radio – Ace of Base
I Can't Live Without my Radio – L.L. Cool J
She's Got Nothing on But the Radio – Roxette
That's Why God Made the Radio – Beach Boys
Shit on The Radio – Nelly Furtado
Súbeme la radio (dreh das Radio auf) – Enrique Iglesias
Radio – Udo Jürgens
On The Radio – The Teens (featuring Uwe Schneider)

On My Radio – Selecter
Sweet As Radio – Spliff
Do You Remember Rock & Roll Radio – Ramones
Radio's in Heaven – Plain White T's
Radio – Matchbox 20
Turn Up The Radio – Madonna
Radio – Jamiroquai
Radio On – Heather Small
Hands On The Radio – Henry Lee Summer
Radio, Radio – Elvis Costello
She Loves The Radio – Billy Wray
She Got The Radio – Corey Hart
Portable Radio – Daryl Hall & John Oates
Turn Your Radio On – Long Tall Ernie & The Shakers

Zeitfracht Medien GmbH
Ferdinand-Jühlke-Straße 7
99095 Erfurt, Deutschland
produktsicherheit@kolibri360.de